Jorge Mario Bergoglio
# Franziskus

# Briefe in Bedrängnis

## Trost in Zeiten der Not

Edition Communio

Jorge Maria Bergoglio
# Franziskus

# Briefe in Bedrängnis

## Trost in Zeiten der Not

Lettere della tribolazione
a cura di Antonio Spadaro e Diego Fares
Deutsche Fassung herausgegeben von
Andreas Falkner (†)

## Edition Communio

Bibliografische Information der Deutschen Bibliothek
Die Deutsche Nationalbibliothek verzeichnet diese Publikation in der Nationalbibliografie; detaillierte
bibliografische Daten sind im Internet
über <http://dnb.d-nb.de> abrufbar.

© 2020   by Edition Communio
             im Echter Verlag,Würzburg
Alle Rechte vorbehalten
www.echter.de
Umschlagfoto: © 2017, KNA GmbH, www.kna.de,
all rights reserved
Alle Texte des Buches wurden von La Civiltà Cattolica,
Roma, zur Verfügung gestellt
Texte von Papst Franziskus: © Libreria Editrice Vaticana,
Città del Vaticano
Briefe von Papst Franziskus an die Bischöfe und das Volk
Gottes in Chile in der offiziellen deutschen Übersetzung
aus http://vatican.va
Die restlichen Texte des Buches wurden von Andreas
Falkner ins Deutsche übersetzt.
© dieser Übersetzung: Andreas Falkner (†)
Layout: Kluck, Höhr-Grenzhausen
Druck und Bindung: CPI books - Clausen & Bosse, Leck
ISBN 978-3-429-05543-1

# Inhalt

## Erster Teil
## BEDRÄNGNIS UND NOTLAGE VON GESTERN

JORGE MARIO BERGOGLIO SJ

*Wider den Ungeist der Hassrede:*
*Jorge Mario Bergoglio und die*
*«Lettere della tribolazione» (Diego Fares SJ)*

## Zweiter Teil
## BEDRÄNGNIS UND NOT VON HEUTE

FRANZISKUS

Vier Briefe an die Kirche in Chile

# Vorwort

Den Entwurf des Vorwortes zur ersten Auflage der *Briefe in Bedrängnis* unterbreitete ich Pater Miguel Ángel Fiorito SJ, dem Meister; so haben wir ihn genannt, weil er es wirklich war und bleiben wird, hat er es doch verstanden, eine Schule des Unterscheidens zu gründen. Er bat mich, den letzten Abschnitt besser darzustellen, in dem ich davon handelte, wie bedeutsam es sei, auf die Anklage seiner selbst zurückzugreifen (vgl. *Geistliche Übungen,* n. 48).

In diesem Punkt ging es um Unterscheidung und zwar darum, wie mit Beschämung und Verwirrung umzugehen sei, die um sich greifen, wenn der Widersacher eine heftige Verfolgung gegen die Töchter und Söhne der Kirche entfesselt. Die Erwiderung besteht darin: ihr die gesunde Beschämung und Verwirrung entgegenzusetzen, die von der unendlichen Barmherzigkeit des Herrn und seiner Gerechtigkeit denen erwiesen wird, die um Verzeihung der eigenen Sünden bitten. «Das ist eine Gnade», sagte er mir. «Stell' das heraus!»

Dreißig Jahre später stehen wir in einem anderen Gefecht, doch der Krieg ist derselbe und gilt nur dem Herrn. Diese *Briefe* sind «ein Traktat der Unterscheidung» für eine Zeit der Verwirrung und Bedrängnis, und ihre Neuauflage mit den Überlegungen anderer Gefährten, die ins Buch aufgenommen sind, fordert mich stark heraus, jene Aufgabe, die mir der Meister übertragen hat, der für mich den Geruch eines Propheten früherer Zeit annimmt, weiterzuführen: «eine Gnade herauszustellen».

Ich habe das Gefühl, der Herr bittet mich, die *Briefe in Bedrängnis* von neuem herauszugeben, sie zu teilen mit allen, die – inmitten der Verwirrung, die der Vater der Lüge in seinen Verfolgungen auszustreuen versteht – sich entschlossen fühlen, wacker zu streiten, frei von jenem Selbstmitleid, in das wir leicht verfallen. Wie wir wissen, birgt es in seinem Schoß die Triebfeder der Rache und macht nichts anderes, als dieses Übel zu nähren, das ausgerottet werden soll.

Gegen jedwede Versuchung der Verwirrung und des Schlechtredens tut es gut, sich dem Gespür des väterlichen Geistes der Vorfahren zuzuwenden, der diese *Briefe* beseelt. Sie lehren uns, die Tröstung in Phasen drohender Trostlosigkeit zu entdecken.

Ich empfehle, sie zu lesen und mit ihnen zu beten. Diese *Briefe* sind – das wurde von vielen in konkreten Umständen festgestellt – eine wahre Quelle der Sanftmut, Ermutigung und leuchtender Hoffnung.

8. November 2018

Francesco

# Einführung

Zu Weihnachten 1987 verfasste Pater Bergoglio ein kurzes Vorwort zu einer Sammlung von acht Briefen, die von zwei Generaloberen der Gesellschaft Jesu geschrieben wurden[1]. Sieben stammen vom Generaloberen Lorenzo Ricci, geschrieben zwischen 1758 und 1773, und einer vom Generaloberen Jan Roothaan aus dem Jahre 1831. Sie gehen auf eine große Bedrängnis zurück: die Unterdrückung der Gesellschaft Jesu. Durch das Apostolische Breve *Dominus ac Redemptor* (21. Juli 1773) hat Papst Clemens XIV. faktisch entschieden, den Orden zu unterdrücken und damit auf eine Reihe politischer Manöver zu antworten. Später, im August 1814, ließ Papst Pius VII. in «capella della congregazione dei nobili» in Rom die Bulle *Sollicitudo omnium ecclesiarum* veröffentlichen, wodurch die Gesellschaft Jesu in vollem Umfang wiederhergestellt wurde.

1986 begab sich Pater Bergoglio für ein Studienjahr nach Deutschland; seine Amtsperiode als Provinzial und danach als Rektor des Collegium Maximum und des Pfarrers von San Miguel waren zu Ende gegangen. Nach Buenos Aires zurückgekehrt, setzte er seine Studien fort und lehrte Pastoraltheologie. Zu dieser Zeit bereitete die Gesellschaft Jesu die 66. Prokuratorenkongregation (27. September bis 5. Oktober 1987) vor; die argentinische Provinz wählte Jorge

---

1   *Las Cartas de la tribulación*, Buenos Aires: Diego de Torres 1988.

Bergoglio als Prokurator und schickte ihn nach Rom mit der Aufgabe, einen Bericht über den Stand der Provinz vorzulegen, und mit anderen Prokuratoren, die von verschiedenen Provinzen gewählt worden waren, über die Situation der Gesellschaft zu diskutieren und an der Abstimmung über die Angemessenheit der Einberufung einer Generalkongregation des Ordens teilzunehmen.

In Verbindung mit diesem Auftrag hat Jorge Bergoglio entschieden, diese Briefe der Patres Ricci und Roothaan neuerdings zur Meditation vorzulegen. Für ihn waren sie bedeutsame Dokumente von großer Aktualität für die Gesellschaft Jesu. So schrieb er dazu ein Vorwort, das er drei Monate später unterschrieb, etwas länger als dreitausend Worte, von denen die Hälfte in Fußnoten stehen.

Vor der Veröffentlichung des Ganzen hatte er seinen eigenen Text mit P. Miguel Ángel Fiorito, geistlicher Vater und in Wirklichkeit Lehrmeister und Begleiter von vielen Jesuiten[2], besprochen und diskutiert.

Heute stellen wir diesen Text, der schon lange vergriffen war und vor kurzem von *La Civiltà Cattolica*[3] erstmals in Italienisch herausgegeben wurde, wieder vor. Wir legen nur jene Briefe der Generaloberen vor,

2  J. L. Narvaja, *Miguel Angel Fiorito. Una riflessione sulla religiosità populare nell'ambiente de J. M. Bergoglio*, in: *La Civiltà Cattolica* 2018, II 18-29.
3  J. M. Bergoglio, *La dottrina de la tribolazione*, in: *La Civiltà Cattolica* 2018, II 209-215. [Die dt. Version wurde mit dem spanischen Original in *Las Cartas de la tribulación*, Barcelona: Herder 2019, 19-24 abgestimmt.]

auf die sich der Text von Jorge Bergoglio bezieht; sie wurden aus dem Lateinischen übersetzt.

Franziskus hat es in den letzten Jahren nicht unterlassen, sich auf diese Briefe und auf seine Überlegungen von damals zu beziehen. Ein Beispiel sei genannt: Diese Briefe wie auch die Überlegungen von Pater Bergoglio aus dem Jahre 1987 bilden den zentralen Gedanken der Homilie, die er 2014 bei der Feier der Vesper in der Kirche Il Gesù aus Anlass der 200-Jahr-Feier der Wiederherstellung der Gesellschaft Jesu hielt.

Der jüngste Anlass war seine Unterredung mit Jesuiten in Peru[4], in deren Verlauf er behauptet hatte, dass diese Briefe «eine Fundgrube von Kriterien der Unterscheidung, von Kriterien des Handelns bieten, geeignet, sich nicht von der institutionellen Trostlosigkeit absorbieren zu lassen».

Und er hat sich gleichermaßen sehr explizit auf sie bezogen, als er sich am 16. Januar 2018 an die Priester, Ordensleute, Personen des geweihten Lebens und Seminaristen in Santiago de Chile wandte. Bei dieser Gelegenheit lud er dazu ein, den Weg zu finden, um «diesen Momenten, wo der Feinstaub der Verfolgungen, der Erprobungen, der Zweifel usw. durch kulturelle und historische Ereignisse» gefiltert wird und wo die Versuchung aufkommt, «alles fahren zu lassen und den Kummer wiederzukäuen».

4   Francesco, «*Dov'è che il nostro popolo è stato creativo?*» *Conversacioni di Papa Francesco con i gesuiti del Cile e del Perù*, in: *La Civiltà Cattolica* 2018, I 313-330.

Papst Franziskus wollte an die Kirche von Chile angesichts der Verirrungen und «niederschmetternden Konflikte» ein deutliches Wort richten – immer mit Bezug auf diese Briefe –, genauso wie bei einer vergleichbaren Gelegenheit zu Petrus gesprochen wurde. Mit dieser Frage «Liebst du mich?» verstand es Jesus, Petrus aus dem Verhängnis zu holen, «nicht heiter und gelassen Widerspruch und Kritik hinzunehmen. Vor allem wollte er ihn von der Traurigkeit und insbesondere von der üblen Laune wegholen. Mit dieser Frage lädt Jesus den Petrus ein, auf sein Herz zu hören und das Unterscheiden zu lernen.» Überhaupt, Jesus «will vermeiden, dass Petrus wirklich ein Zerstörer oder ein armseliger Lügner oder eine gestörte und paralysierte Person werde». Jesus besteht solange darauf, dass Petrus ihm eine realistische Antwort gebe: *Herr, du weißt alles; du weißt, dass ich dich lieb habe* (Joh 21,17). Jesus bestätigt ihn also in seiner Mission und so vollendet er dessen Formung zu seinem Apostel.

So verstehen wir, dass diese Briefe und die Überlegungen, die sie begleiten, bedeutsam sind für das Verständnis der Art, von der Jorge Bergoglio selbst fühlt, dass er als Nachfolger des Petrus, insofern er Franziskus ist, so handeln soll.

Diese Worte richtet er heute an die Kirche und vor allem wiederholt an sich selbst. Und vor allem sind es Worte, die Papst Franziskus heute als Grundlage dafür ansieht, dass die Kirche in der Lage sei, Perioden der Trostlosigkeit, der Verworrenheit, trügerischer und gegen das Evangelium gerichteter Polemik auszuhalten.

Wie hängen diese *Lettere della tribolazione* mit den Ereignissen unserer Tage zusammen? Davon ist im zweiten Teil dieses Buches die Rede. Nach seiner Reise nach Chile und Peru (15. bis 22. Januar 2018) übernahm Franziskus persönlich die Verantwortung für den Skandal des vielfachen Missbrauchs an Minderjährigen durch Prälaten in Chile und stand schambedeckt zu ihrem Verhalten; die Logik des Sündenbocks wies er zurück. In dieser Geisteshaltung bestimmte der Papst bei der Rückkehr nach Rom eine Sondermission unter der Leitung von Erzbischof Charles J. Scicluna, die die Aussagen der Opfer direkt hören und dokumentieren sollte.

Nach der Visitation in Chile und der Berichterstattung zum besagten Spezialauftrag rief Papst Franziskus mit einem Brief vom 8. April 2018 alle chilenischen Bischöfe nach Rom, «um über die Folgerungen aus der erwähnten Visite und meine Folgerungen zu sprechen». Es ist exakt diese Schrift, die vor mehr als einem Jahr verfasst wurde und den Rang einer neuen *Lettera della tribolazione* erlangt hat.

Zu Beginn der Begegnung, die zwischen dem 15. und 17. Mai 2018 stattfand, übergab der Papst den Bischöfen einen neuen Brief, der aus zehn Seiten bestand, an sich nicht zur Verbreitung bestimmt war, dann aber doch auf Kanal 13 des Fernsehens ausgesendet und somit bekannt gemacht wurde; den besagten Text werden wir in dieses Buch aufnehmen.

Am Ende der Begegnung übergab Franziskus an die Bischöfe eine kurze öffentliche Botschaft und vertraute ihnen einen Brief an das pilgernde Volk Gottes in Chile an, der ebenso in der Dokumentation des Buches zu finden ist. Der zweite Teil dieses Buches endet mit dem Brief an das Volk Gottes vom 20. August 2018. Er wurde nach der Verbreitung der Information über die Fälle von Pädophilie in den Diözesen von Pensylvania in den Vereinigten Staaten veröffentlicht.

*Lettere della tribolazione* (dt.: Briefe in Bedrängnis) ist eine Briefsammlung, die zurzeit und in der Gegenüberstellung mit schwierigen Situationen zustande gekommen ist. Sie sagt viel über Franziskus und seine Weise, mit der Zeit der Trostlosigkeit umzugehen.

Die Lektüre der Texte des Franziskus wird von einer trefflichen Einführung in ihre Lektüre durch zwei Jesuiten begleitet: P. Diego Fares von *La Civiltà Cattolica,* der den Papst schon seit langem kennt und der mit ihm in Zeiten der Trostlosigkeit zusammen war; und P. James Hanvey von der Universität Oxford, der eine scharfsinnige Reflexion über den *Brief an das Volk Gottes* angesichts der Missbrauchsfälle geschrieben hat.

Papst Franziskus selbst hat sich entschlossen, ein Vorwort zu diesem Buch zu schreiben, um die aktuelle Bedeutung der Texte herauszustreichen, die von ihm schon sehr früh, 1987, veröffentlicht wurden. «Ich fühle, dass der Herr mich bittet, sie neuerdings zu teilen», schreibt er. Er beteuert, dass die Briefe der Generaloberen einen Traktat zur Unterscheidung in Momenten der Bedrängnis ergeben und bringt «den väterlichen Geist unserer Vorfahren, der in den Briefen sichtbar wird, zum Ausdruck» und «lehrt uns, nach dem Trost zu greifen».

Sie bilden also mit den vier anderen Briefen, die von Franziskus in unseren Tagen geschrieben wurden, eine Einheit.

Die erste Idee dieser Sammlung – in der Form der neuerlichen Veröffentlichung des Originals von 1987 – kam mir während des Rückfluges von der Reise nach Chile und Peru. Die Briefe, die der Papst an die Bischöfe von Chile und an das Volk Gottes schrieb, verstärkten diesen Einfall. Im Gespräch mit P. Diego Fares wurde er entwickelt; dieser übernahm die Redaktion der Anmerkungen und erhielt schließlich am 8. November 2018 das endgültige Einverständnis von Papst Franziskus mit dessen Vorwort, in dem er die Briefe anbietet – nicht so sehr zur Lektüre, sondern vor allem fürs Gebet.

Antonio Spadaro SJ
Chefredakteur *La Civiltà Cattolica*

Erster Teil

# BEDRÄNGNIS UND
# NOTLAGE VON GESTERN

# JORGE MARIO BERGOGLIO SJ
## Lehre aus der Bedrängnis

(25. Dezember 1987)

Die Autoren der folgenden Briefe sind zwei Generalobere der Gesellschaft Jesu: P. Lorenzo Ricci (1758
zum Generaloberen gewählt) und P. Jan Roothaan
(im Jahre 1829 gewählt). Beide hatten die Gesellschaft
in schwierigen Zeiten der Verfolgung zu leiten. Unter
dem Generalat von Pater Ricci geschah es, dass die Gesellschaft durch Clemens XIV. aufgelöst wurde. Seit
langem «forderten» bourbonische Höfe diese Maßnahme. Papst Clemens XIII. hat das Institut bestätigt, das
vom heiligen Ignatius gegründet wurde [mit der Bulle
*Apostolicum Pascendi* von 1765, Anm. der Red.], doch
die Bourbonen hörten nicht auf zu drängen, bis es zur
Publikation des Breve *Dominus ac Redemptor* von 1773
[durch Papst Clemens XIV., Anm. der Redaktion] kam,
wodurch die Gesellschaft Jesu aufgelöst wurde[1].

1   Man hat verschiedene historische Deutungen des Verhaltens
von Papst Clemens XIV. vorgelegt. Jeder einzelne Gesichts-
punkt geht auf eine irgendwie objektive Realität zurück.
Ich meine, die Tatsache, diese Wahrheit nicht immer zu
verabsolutieren, indem sie zum einzigen Schlüssel des Verständnisses gemacht wird, ist eine glückliche Wahl. Zu diesem
Thema können wir in G. Martina, *La Iglesia de Lutero a nuestros
días*, 4 Bde., Madrid: Cristianidad 1974; Bd. II, 271-287, eine
gute zusammenfassende Darstellung finden. Dieses Werk
enthält auch eine reichhaltige Bibliografie. Das Urteil, das
Ludwig von Pastor über Clemens XIV. in seiner *Geschichte
der Päpste* (Bd. XXXVII) fällt, ist sehr hart. Ein Beispiel: «Die
Charakterschwäche Clemens XIV. ist der Schlüssel, der seine

Pater Roothaan hatte ähnlich schwierige Zeiten zu bestehen: der Liberalismus und die aufklärerischen Strömun-

Taktik verstehen lässt, nämlich dort, wo es möglich ist, den
Ansprüchen der bourbonischen Höfe nachzukommen und
dadurch den Frieden zu erhalten ...» (90). «Die schlimmste
Eigenschaft des neuen Papstes: Schwäche und Furchtsamkeit,
die zu seiner zögerlichen Doppelsinnigkeit hinzukamen» (82).
«Mut und Festigkeit fehlten Clemens XIV.; in all seinen
Entscheidungen ist er unglaublich langsam. Er gewinnt
die Menschen mit schönen Worten und Versprechungen,
täuscht sie aber und fasziniert sie. Zu Beginn verspricht er
den Himmel auf Erden und dann lässt er Schwierigkeiten aufsteigen und verschiebt die Lösung entsprechend römischer
Gewohnheit, um sie schließlich fallen zu lassen. Auf diese
Weise war schließlich alle Welt in diese Dinge verwickelt. Seine Antworten an die Gesandten bieten ein treffendes Bild
von diesen Vorgängen, in denen jeder Entscheidung aus dem
Weg gegangen wurde; er speiste sie ab mit schönen Worten
und schmeichelhaften Versprechungen, die letztlich nicht um-
gesetzt wurden. Wer eine Gunst bekommen will, muss von
der ersten Audienz an so vorgehen, dass er sie bekommt;
andererseits kann ein heller Kopf unter den Gesandten sein
Doppelspiel entdecken, denn er neigt sehr zu sprechen» (82-
83). Ludwig von Pastor stützt sich in diesen Urteilen auf
Dokumente der Epoche; wenngleich seine Meinung zu Papst
Ganganelli insgesamt negativ ist, jene zu seinem Sekretär –
Pater Bontempi, ebenso ein Conventuale – fällt noch viel
schlechter aus und macht diesen zu einem großen Teil für
die Irrtümer Clemens XIV. verantwortlich. Pater Bontempi
betrieb nach Ludwig von Pastor auf simonistische Weise
die Unterdrückung der Gesellschaft mit dem spanischen Gesandten. Dadurch erreichte er, von Clemens XIV. zum Kardinal *in pectore* ernannt zu werden, aber als er das Kardinalat
vom Papst, der auf seinem Sterbebett lag, erhalten wollte, griff
er ins Leere. Ludwig von Pastor stellt ihn als eine skrupellose
Person voller Ambitionen dar, die hinter den Kulissen arbeitet
und eine «bella figura abzugeben» bestrebt ist. Auf diese Weise
gestaltete er seine eigene Zukunft.

gen insgesamt, die in Modernismus zusammengefasst wurden. In beiden Fällen – dem des P. Ricci wie dem des P. Roothaan – wurde die Gesellschaft Jesu grundsätzlich angegriffen aufgrund ihrer achtungsvollen Einstellung gegenüber dem Apostolischen Stuhl: Diese indirekte Attacke galt der Kirche. Doch es ist auch wahr, dass es genug Fehler in den Rängen der Gesellschaft Jesu gab.

Hier geht es nicht darum, auf historische Tatsachen im Einzelnen einzugehen. Das eben Gesagte genügt, das Gehabe und Verhalten der Epoche gegenüber den Generaloberen anzudeuten. Was zählt, ist die Tatsache, dass in beiden Fällen die Gesellschaft Jesu *in Bedrängnis geraten* war; und die folgenden Briefe enthalten *die Lehre aus der Bedrängnis,* die die beiden Oberen den Jesuiten in Erinnerung rufen. Sie ergeben eine Abhandlung von der Bedrängnis und der Weise, mit ihr zu leben.

In wirren Momenten, wenn der Staub der Verfolgungen, Prüfungen, Zweifel usw. durch kulturelle und historische Ereignisse aufgewirbelt wird, ist es nicht leicht, den einzuschlagenden Weg unterscheidend zu erkennen. Es tauchen verschiedene Versuchungen auf, die diesen Zeiten eigentümlich sind: Ideen diskutieren; den Gegenstand nicht hinreichend beachten; den Verfolgern zu viel Bedeutung beimessen; an der Trostlosigkeit festhalten usw. In den folgenden Briefen werden wir sehen, wie die beiden Generaloberen diesen Versuchungen begegnen und den Jesuiten die *Lehre* vorschlagen, die ihnen in ihrer Spiritualität[2] zur Verfügung gestellt wird, und sie

2 P. Joseph de Guibert SJ bestätigt in seinem Werk *La Espiritualidad de la Compañía de Jesús* (Santander: Sal Terrae 1955, 486): «In Übereinstimmung mit dem [er nimmt Bezug auf

Dekret II der 19. Generalkongregation, in der Pater Ricci zum Generaloberen gewählt wurde] befindet sich eine bewegende Serie von Briefen, die durch den neuen Generaloberen an seine Ordensmitglieder gerichtet waren, mit Blick auf die Prüfungen, die sich häuften und die Gefahren, die zunahmen. Am 8. Dezember 1759, dem Tag nach der Veröffentlichung von Pombals Dekreten, mit denen die portugiesischen Provinzen aufgelöst wurden, lädt er zu Gebet ein, vor allem um den guten Geist sollten sie bitten, um den wirklich übernatürlichen Geist der Berufung, um vollkommene Gelehrigkeit gegenüber der göttlichen Gnade. Am 30. November 1761, wiederum in einem Moment, da der Sturm auf seine Weise durch Frankreich fegt, bittet er, alles Vertrauen auf Gott zu setzen, aus den Prüfungen Nutzen für die Läuterung der Seele zu ziehen, sich daran zu erinnern, dass die Prüfungen es ihnen ermöglichen, sich noch enger an Christus anzuschließen, und dass diese gleichermaßen der größeren Ehre Gottes dienen. Am 13. November 1763 drängt er mit Nachdruck darauf, zu beten und die Wirksamkeit des Gebetes durch die Heiligkeit des Lebens zu stützen, wobei er vor allem die Demut empfiehlt, den Geist der Armut und den vollkommenen Gehorsam, wie er vom hl. Ignatius gewünscht ist. Am 16. Juni 1769, nach der Vertreibung der spanischen Jesuiten, kommt ein neuer Aufruf zu Gebet, zu Eifer in der Reinigung von den kleinsten Fehlern. Am 21. Februar 1773, sechs Monate vor der Unterzeichnung des Breve *Dominus ac Redemptor*, möchte er schließlich angesichts des Mangels aller menschlichen Hilfen einen Effekt der Barmherzigkeit von Gott sehen, der ja jene einlädt, die er darin erprobt, dass sie auf niemand anderen ihr Vertrauen setzen als auf Ihn; wieder ermahnt er zum Gebet, aber nun einzig um den Erhalt einer Gesellschaft, die dem Geist ihrer Berufung treu ist, zu bitten: «Wenn – Gott möge es nicht zulassen – sie diesen Geist verloren haben sollte, wäre es kaum von Bedeutung, wenn sie unterdrückt würde angesichts dessen, dass sie nutzlos für das Ziel geworden wäre, für das sie gegründet wurde.» Und er schließt mit einer herzlichen Ermahnung, den Geist der Liebe, der Einheit, des Gehorsams, der Geduld und der evange-

in ihrer Zugehörigkeit zum Körper der Gesellschaft stärken. «Die Zugehörigkeit zur Gesellschaft Jesu muss stärker sein als alle anderen Bindungen (durch die jemand zu irgendwelchen Institutionen innerhalb oder außerhalb der Gesellschaft gehört). Diese Zugehörigkeit soll jedes andere Engagement prägen, denn auf diese Weise wird es zur ‹Sendung›. Diese Sendung wird von

lischen Einfachheit aufrecht zu erhalten. Das sind die Worte, auf die hin die göttliche Vorsehung es wollte, dass die geistliche Geschichte der Gesellschaft zu Ende komme, aufs Äußerste erwiesen im Moment des totalen Opfers, das einfordern zu lassen sie sich aufmachte. Giulio Cesare Cordara und andere nach ihm tadelten P. Ricci wegen seiner übertriebenen Passivität angesichts der Angriffe, die gegen seinen Orden gerichtet waren, wegen des Mangels an Energie und Klarheit in der Weise, alle vorhandenen Mittel einzusetzen, um diese Angriffe abzuwenden; hier ist nicht der Ort zu diskutieren und zu wissen, ob eine solche Kritik begründet ist, aber es ist doch sicher, dass es besser ist, diese wiederholten Aufrufe zur übernatürlichen Treue, zur Heiligkeit des Lebens, zur Verbindung mit Gott im Gebet zu hören und in diesen Stunden des Ordens, in dieser Todesbedrohung auf diese wesentlichen Dinge zu bauen, als auf Einladungen zu hören, denen zufolge man auf menschliche, legitime, aber zweifellos total unnütze Methoden zurückzugreifen hätte» (318ff.). «Man braucht kaum an den Protest zu erinnern, den der sterbende P. Ricci im Augenblick gelesen haben wollte, da er am 19. November 1775 die Wegzehrung im Gefängnis der Engelsburg empfing; er, der im Begriff war, vor dem Richterstuhl der unfehlbaren Wahrheit zu erscheinen, sah es als seine Pflicht an zu protestieren, da die aufgehobene Gesellschaft kein Motiv gegeben hatte, das ihre Unterdrückung rechtfertigte; er erklärte und bezeugte es mit der moralischen Gewissheit, die ein gut informierter Oberer über den Zustand seines Ordens haben kann; und dass er selbst keinen Grund gegeben habe, nicht den geringsten, der seine Inhaftierung rechtfertigte» (ebd., Anm. 71).

der Gesellschaft gegeben und hängt von ihr ab. Sie kann sie bestätigen oder abändern, wie es der größere Dienst Gottes erfordert»[3].

Die kulturellen und soziopolitischen Verhältnisse jener Epoche waren Ideologien unterworfen: Aufklärung, Liberalismus, Absolutismus, Regalismus usw. Jedoch ist sehr wohl zu vermerken, dass sich diese zwei Generaloberen – in ihren Briefen – nicht herbeiließen, diese Ideologien zu «diskutieren». Sie wussten genau, dass es in deren Einstellungen Irrtümer, Lügen und Unkenntnis gab, und doch ließen sie diese Dinge beiseite und wandten sich der Gesellschaft als Ganzer zu. Sie konzentrierten ihre Überlegungen auf die Verworrenheit, die jene Ideen (und die kulturellen und politischen Konsequenzen) im Herzen der Jesuiten auslösten. Man könnte sagen, sie befürchteten, dass das Problem schlecht in den Blick genommen wird. Es ist wahr, dass es eine Kollision der Ideen gab, aber sie zogen es vor, auf das Leben, auf die Situation zu schauen, die diese Ideen nach sich ziehen.

*Ideen diskutiert man, eine Situation unterscheidet man.* Diese Briefe möchten den Jesuiten in Bedrängnis Elemente der Unterscheidung an die Hand geben. So ziehen sie es vor, sich in ihrer Ausrichtung auf die Verworrenheit zu beziehen und nicht von Irrtum, Unwissenheit und Lüge zu sprechen. Die Verworrenheit nistet sich im Herzen ein: Sie ist das Kommen und Gehen verschiedener Geister. Wahrheit oder Lüge sind, abstrakt gesehen, kein Objekt der Unterscheidung, die Verworrenheit dagegen sehr wohl. Die folgenden Briefe sind eine Abhandlung

3 *Dekrete der 32. Generalkongregation der Gesellschaft Jesu*, Rom 1977, I, 66.

der Unterscheidung für eine Epoche der Verworrenheit und Bedrängnis. Statt Ideen zu diskutieren, *erinnern sie an die Lehre* und auf diesem Weg leiten sie die Jesuiten an, *sich auf ihre Berufung zu besinnen.*

Angesichts der Wucht dieser Zeitepoche und den oft mehrdeutigen Situationen, die zustande kamen, *sollte der Jesuit unterscheiden,* sich auf seine Zugehörigkeit neu einstellen. Es war ihm nicht gestattet, für eine der Lösungen zu optieren, zu der es kein tatsächliches Gegenteil gibt. Er soll – bezogen auf Gottes Willen – «suchen, um zu finden», nicht suchen, um einen beruhigenden Ausweg zu entdecken. *Frieden* (Gottes Geschenk) wird Zeichen einer guten Wahl sein, die man getroffen hat, und nicht die anscheinende *Ruhe* einer menschlichen Ausgeglichenheit oder einer Wahl, in der eine von den konträren Möglichkeiten zum Zuge kam. Konkret: Es war nicht Sache Gottes, die Wahrheit auf Kosten der Liebe zu verteidigen noch die Liebe auf Kosten der Wahrheit noch das Gleichgewicht auf Kosten von beiden. Um zu vermeiden, sich in einen wirklichen Zerstörer zu verwandeln oder in einen barmherzigen Lügner oder vor Ratlosigkeit gelähmt zu sein, musste der Jesuit unterscheiden. Gerade das ist die Aufgabe des Oberen, bei der Unterscheidung zu helfen. Darin liegt der tiefere Sinn der folgenden Briefe: eine Anstrengung des Generaloberen der Gesellschaft, den Mitgliedern zu helfen, eine Haltung der Unterscheidung einzunehmen. Ein väterliches Verhalten, das den Leib der Gesellschaft vor Verzweiflung und geistlicher Entwurzelung bewahrt.

Noch ein Letztes zur Methode. Der Rückgriff auf fundamentale Wahrheiten, die unserer Zugehörigkeit

Sinn geben, scheint der einzige Weg zu sein, um eine Unterscheidung anzustellen. Der heilige Ignatius legt es uns nahe, wenn wir uns irgendwelcher Sache gegenüberfinden: «In jeder guten Wahl muss, soweit es an uns liegt, das Auge unserer Absicht einfach sein, indem ich nur nach dem schaue, wofür ich geschaffen bin»[4]. Darüber hinaus darf man nicht davon überrascht sein, dass die Generaloberen sich in diesen Briefen auf die eigenen Sünden der Gesellschaft Jesu beziehen, von denen man in einer rein äußeren Sicht und nicht aus der Sicht der Unterscheidung sagen würde, dass sie mit der äußeren Situation der Verwirrung, die durch die Verfolgungen hervorgerufen wurde, nichts zu tun haben.

Was geschieht, ist nicht zufällig. Dem liegt eine Dialektik zugrunde, die der Situation der Unterscheidung eigen ist: in sich selber einen Zustand zu suchen, der dem äußeren Zustand gleicht. In diesem Fall sich nur als Verfolgte zu sehen, könnte den schlechten Geist hervorrufen, sich selbst als Opfer zu sehen, als Gegenstand von Ungerechtigkeit usw. Außerhalb herrscht aufgrund der Verfolgung Verwirrung ... Beim Betrachten der eigenen Sünden bittet der Jesuit für sich «um Beschämung und Verwirrung über mich selbst»[5]. Es ist nicht die gleiche Sache, aber die Dinge sind ähnlich und auf diese Weise bringt man sich in die beste Verfassung, um Unterscheidung durchzuführen[6]. So findet sich in den Händen vieler Leser dieses Juwel unserer Spiritualität.

---

4   Ignatius von Loyola, *Geistliche Übungen*, n. 169.
5   Vgl. ebd., n. 48.
6   Vgl. *Epistolae Praepositorum Generalium ad Patres et Fratres Societatis Iesu*, 4 vols., Rollarii: Iulii De Meester 1909, 257-307 und 332-346.

# Briefe der Generaloberen
# der Gesellschaft Jesu
# Lorenzo Ricci SJ und
# Jan Roothaan SJ

BRIEF VON M. R. P. LORENZO RICCI SJ AN DIE
PATRES UND BRÜDER DER GESELLSCHAFT
JESU (Rom, 26. September 1758)

*Von inständigem Gebet angesichts des Unheils, das die
Gesellschaft schon bedrückt und das ihr weiterhin droht*

1. Bei allen Gebeten, die wir in den vergangenen Monaten zum Himmel geschickt haben, bedrückt uns ein großes Missgeschick, weiteres Missgeschick droht uns; doch
dürfen wir nicht annehmen, etwas von der göttlichen
Barmherzigkeit sei uns entzogen worden; ja, es ist der
göttlichen Barmherzigkeit selbst zuzuschreiben, die jene,
die sie liebt, zurechtweist und mit der Rute jeden Sohn,
den er gern hat, züchtigt und schlägt (vgl. Hebr 12,6).
Zweierlei erwartet Gott von uns und verlangt es unver-
züglich. Erstens feuert er uns an zu Tugend und Vollkommenheit im Ordensleben; er fordert mehr Frömmigkeit, sodass wir unsere Freude daran haben, mit ihm
zu wirken. Nicht bloß die in unseren Regeln vorgesehene
Zeit sollen wir auf heilige Betrachtungen und Gebete
verwenden, sondern auch Zeiten, die nicht von unserer
Tätigkeit in Anspruch genommen werden; suchen wir

so, seine Verherrlichung durch die übernommenen Mühen zu mehren; eine brennende Liebe des Nächsten ist gefordert, sodass wir niemandem Böses wollen, auch der Meinung sind, niemand sei von uns zu schelten, keiner von uns aus zu beschuldigen; ja, wir sollen bestrebt sein, allen, wie immer wir können, zu nützen; es wird schließlich größere Beflissenheit im Erwerb jener Tugenden verlangt, die vorwiegend uns selbst angehen: Abtötung, sodass wir Vorteile vorüberziehen lassen; Demut, die uns bescheiden von uns denken und sprechen lässt; Armut, die mit dem Notwendigen zufrieden ist, auf Überflüssiges verzichtet; einen Gehorsam, der keine Entschuldigungen vorbringt. Aus zahlreichen Briefen von anderen, die aus verschiedenen Regionen eingegangen sind, habe ich vernommen, dass sich aus unserem Missgeschick das als Frucht ergibt: *Dein Stock und dein Stab geben mir Zuversicht* (Ps 23,4). Ja, bei allem Missgeschick habe ich mit überströmender Freude gemeint, es habe uns nichts Besseres widerfahren können. Möchten wir doch alle dieselbe Frucht ernten, alle einzeln sagen können: *Dass ich gedemütigt wurde, war für mich gut; denn so lernte ich deine Gesetze* (Ps 119,71).

2. Noch etwas Anderes meint der barmherzige Gott, wenn er uns züchtigt, was jene sehr wohl verstehen, welche die Wege des Herrn kennen. Nicht minder gefallen ihm unsere Gebete, gefällt ihm die Demut; gefällt ihm Zutrauen, das uns in seinem Schoß Zuflucht nehmen lässt. Ja gewissermaßen fürchtet er, dass wir uns, wenn wir dem Missgeschick schneller entkommen, uns seinem Blick entziehen. Deshalb, meine lieben Patres und Fratres,

hört die Stimme des liebevoll mahnenden Gottes und seid nicht ungehalten, dass ihr zu inständigen Gebeten zurückkehren sollt.

3. Damit unsere Bitten aber größeres Gewicht bekommen, möchte ich sie durch jene vor Gott bringen lassen, die ihm die Gefälligste von allen Kreaturen ist und am ehesten etwas zu erreichen vermag; ich rede von Maria, sehr verehrte Patres und Fratres, die wir mit der Kirche unsere Fürsprecherin, unsere Hoffnung, Trost der Betrübten im edelsten Sinn des Wortes nennen. Zu dieser seligsten Jungfrau sollen wir, da sie für alle, die sie fromm und gläubig anrufen, da ist, unsere Zuflucht nehmen, dass sie mit ihrer Hilfe weiterhin unserer Gesellschaft einzigartig zugegen sei. Sie gab ja auch dem hl. Vater Ignatius, der vor ihrem Altar kniete und dort die weltlichen Waffen niederlegte, zur Errichtung einer neuen Heerschar den Gedanken ein und gebar gewissermaßen am Tag ihrer Aufnahme in den Himmel die Gesellschaft; ihre Mitglieder überraschte sie mit zahllosen Wohltaten. Gehen wir also zu ihr hin; tausend Schilder hängen an ihr (vgl. Hld 4,4), Mittel gegen die Gefahr, wie der heilige Thomas erklärt, womit sie alle Furcht und Plage abwendet; unsere Gebete wird die liebenswürdigste Mutter nicht verschmähen, sondern den Ihren ihre barmherzigen Augen zuwenden.

4. Daher wünsche ich und ordne es an – ich zweifle nicht daran, dass die Einzelnen von euch das gern tun werden –, dass ihr es euch vornehmt, das kommende Fest der Unbefleckten Empfängnis der seligsten Jungfrau in einzigartiger Andacht zu feiern; schickt der Gewohnheit

frommer Menschen entsprechend für eine gehörige Vorbereitung eine Novene mit dem Ziel voraus, dass die überaus liebenswürdige Mutter unserer Gesellschaft Schutz gewähren wolle. Für diese Tage schreibe ich keine ausgesuchten Übungen vor, weil ich weniger euch vorschreiben könnte, als ihr zu leisten bereit seid. Den Oberen sei es überlassen, einige Gebete oder andere fromme Übungen während dieser Tage vorzusehen, die in der Hausgemeinschaft zu verrichten sind. Niemandem stelle ich es frei, sondern allen empfehle ich es dringend – oh, möchte es mir doch gelingen, alle dazu zu bewegen, ihre Andacht zur göttlichen Mutter, wenn sie vielleicht ermattet ist, anzuregen und in den Einzelnen wie im gesamten Orden alle guten Dinge zu unterstützen.

5. Daher bittet also, verehrte Patres und Fratres, die liebenswürdigste Mutter inständig, dass sie der Gesellschaft ihre einzigartige Schirmherrschaft weiterhin erweise, den Geist ihres Sohnes uns allen einflöße, besonders mir, der mehr als alle anderen bedürftig ist; weder dem Orden, dessen Leitung mir anvertraut ist, noch meiner Seele möchte ich etwas Schädliches zufügen. Deshalb möchte ich die Sache euren Feiern des heiligen Opfers und euren Gebeten empfehlen.

Verehrte Patres und liebe Fratres, euer aller Diener in Christo, Lorenzo Ricci

BRIEF VON M. R. P. LORENZO RICCI SJ
AN DIE PATRES UND BRÜDER DER
GESELLSCHAFT JESU (Rom, 8. Dezember 1759)

*Von der Standhaftigkeit im Gebet in der anhaltenden*
*Bedrängnis der Gesellschaft*

1. Im vergangenen Jahr haben wir gemeinsam Gebete
verrichtet und, wie ihr wisst, die göttliche Güte angefleht
und erwarteten demütigen Herzens himmlische Tröstung
in unseren Bedrängnissen. Ich habe keinen Zweifel
daran, dass jener Vater des Erbarmens in Güte vom
Himmel auf unsere Gebete und Tränen herabgeschaut
hat, die durch den Dienst der Engel ihm vorgetragen
wurden. Dem gesamten himmlischen Hofstaat wird
jener Geist der Demut und der Zerknirschung gefallen
haben, in dem wir am Thron der göttlichen Gnaden uns
einfanden; und wenn weniger als wir erflehten gewährt
wurde, haben unsere Seelen darin Trost gefunden und
anderen geistlichen Nutzen gezogen.

2. In diesem Jahr werde ich, so scheint es mir, von
euch selber daran erinnert, dass die Zeit des göttlichen
Erbarmens nicht zu bestimmen noch der Tag seiner
Erbarmungen vorzusehen sei; daher solle man einfach
beharrlicher beten, bis in der Drangsal gelegene Hilfe
sich zeige. Daher bittet ihr mich schweigend, dass ich
neue Gebete, neue fromme Übungen zur Abwendung
himmlischen Zorns dem ganzen Orden auferlege.
Nichts mache ich lieber; aber auch vor nichts sonst er-
schaudere ich in meinen Gedanken mehr als vor jenem

Tag und jener Stunde, da die ganze Gesellschaft vor dem Angesicht Gottes steht, ihm die Bitten der Gedemütigten vorbringt, die in den Himmel vordringen und bei Gott immer Gefallen finden, und ihm ein zerknirschtes und gedemütigtes Herz darbietet, das dieser nie verschmäht.

3. Es ist tatsächlich so, liebe Patres und Fratres. Die göttlichen Wohltaten werden nur denen gewährt, die beharrlich, demütig und voll Vertrauen darum bitten; wie wahr hat doch Judith gesagt: Bedenkt, dass Gott eure Gebete erhören wird, wenn ihr weiterhin in Fasten und Gebeten vor dem Angesicht Gottes bleibt (vgl. Jdt 4). Seid also dessen gewiss, eines Tages wird der liebenswürdigste Vater zu Erbarmen zu bewegen sein; wenn ihr euch nur nicht von seinem Angesicht abwendet noch die fromme Gepflogenheit des Betens unterbrecht, wenngleich Unlust und Ermüdung davon abhalten wollen. Großherzigen ist es ja eigen, durch das Rufen der Elenden, die ihre Hilfe erflehen, sich rühren zu lassen; doch die göttliche Barmherzigkeit neigt dazu, von sich aus die Mühsal der Sterblichen zu lindem; schließlich ermahnt uns jener, der den Glauben an Verheißungen nie und nimmer zu täuschen vermag, mit beredten Worten, standhaft zu bleiben im Bitten, Betteln und Klopfen, zweifellos deshalb, weil wir es nötig haben, wenn wir bekommen wollen: *Bittet, dann wird euch gegeben; sucht, dann werdet ihr finden; klopft an, dann wird euch geöffnet* (Mt 7,7; vgl. Joh 16,24).

4. Was Wirkmacht beharrlichen Gebetes ist, hat Christus selbst sehr einfühlsam uns vor Augen geführt; wie sollte das, was der heilige Lukas jedem ausführlich vor

Augen stellt, nicht geeignet sein, verstärkt Mut zu fassen! Dort heißt es, dass Menschen durch das Ungestüm irgendeines Freundes, der bittet, überwältigt werden; auch gibt es unter euch keinen so hartherzigen und unzugänglichen Vater, den die Bitten des flehenden und drängenden Sohnes nicht eines Tages umstimmen. Wenn also bei Menschen, die übrigens von Natur aus zum Bösen neigen, unablässiges und beharrliches Bitten Gewicht hat, wie könnte das bei Gott nicht der Fall sein, dessen Natur in der Güte besteht, dessen Wohltätigkeit durch Schenken nicht erschöpft wird, dem unsere Bitten nicht lästig, sondern angenehm sind, der in viel höherem Maß echter Freund und liebender Vater ist als jeder beliebige Mensch? *Wenn nun schon ihr, die ihr böse seid, euren Kindern gebt, was gut ist, wie viel mehr wird der Vater im Himmel den Heiligen Geist denen geben, die ihn bitten* (Lk 11,13).

5. Besonders um den, von dem er spricht, um den guten Geist sollt ihr – das wünsche ich sehnlichst – in euren Gebeten flehen; um den Geist der Buße und der Zerknirschung wegen begangener Sünden; um den Geist der Geduld und Sanftmut in der Drangsal; um den Geist der Liebe, des Eifers und des unermüdlichen Einsatzes für das Heil der Seelen; um den Geist der Demut, der Abtötung, der Abkehr von der Welt und sich selbst; um den Geist der Frömmigkeit und der Gottverbundenheit, der vollkommenen Unterordnung unter Gottes Willen; um den Geist der Regeltreue; vor allem aber um den Geist, von dem in der Hl. Schrift gesprochen wird, den Geist des Mitleids und flehentlichen Bittens (vgl. Sach 12,10), in dem jede passende Gabe und jedes vollkommene

Geschenk enthalten ist. Zusammenfassend möchte ich sagen, dass ihr um jenen Geist bittet, den Gott zu Anfang dieser Gesellschaft einflößte, durch den er sie bewahrte und bis auf den Tag leitete.

6. Wundert euch nicht darüber, dass mir an diesem einen Geist so viel gelegen ist, als ob nichts anderes von uns so sehr zu erbitten sei: Mögt ihr die ihm eigentümliche Würde oder die Nützlichkeit, die daraus erwächst, betrachten, das Gut ist so herausragend, dass, gemessen an ihm, alle übrigen zurückfallen. Außerdem weiß jener himmlische Vater hinreichend um die Nöte, die uns bedrücken; ebenso verspricht er denen, die zuerst das Reich Gottes suchen, alle übrigen Güter dazuzugeben. Schließlich kann niemand daran zweifeln, dass Gott seine Pläne mit uns vor allem im Blick auf dieses Ziel ordnet, dass aus uns alles entfernt wird, was den Geist, von dem ich gesprochen habe, ausschließt, und dass eben dieser Geist in uns geweckt und gestärkt werde; wenn das geschieht, wovon ich überzeugt bin, können wir auch in anderen Dingen damit rechnen, dass Gottes Wohlwollen uns sicher sein wird.

7. Aus diesen Gründen verwende ich bei euch ein Wort des Apostels: *Löscht den Geist nicht aus!* (1 Thess 5,19). Der gütigste Gott wird ihn euch ganz gewiss auf euren Gebetssturm hin gewähren; jedoch hütet euch sorgfältig davor, irgendwann einmal den Zugang dazu auszulöschen, sei es durch Unbekümmertheit in dem, was zur Frömmigkeit gehört, sei es, dass ihr in dem, was zu eines jeden Aufgabe dazu gehört, lässiger werdet, sei es, dass ihr für das Gerede von Annehmlichkeiten des

menschlichen Lebens die Ohren spitzt und den übrigen Dingen, die im Fluss und vergänglich sind, zu sehr anhängt. Ein jeder erweise sich gegenüber der göttlichen Stimme gelehrig, durch die er leicht erkennt, was Gott von ihm will. Ein jeder hüte sich, der himmlischen Gnade Hindernisse entgegenzustellen, noch biete er Anlass, dass persönliche Schuld – etwas, was gemäß dem göttlichen Plan oft zutrifft – zu öffentlichem Ärgernis führt.

8. Übrigens sollen eure Gebete, meine Lieben, auch an andere Nöte unseres Ordens heranreichen, wozu Christus uns eingesetzt hat und was gewöhnlich der Kirche nützt: Aber lasst uns doch zuerst in gebührender Demut gestehen, dass wir unsere Drangsal selbst verschuldet haben; bescheiden wollen wir es annehmen als etwas, was von der göttlichen Hand verhängt ist, die uns väterlich züchtigt. So vorbereitet – nichts ist geeigneter, an das Mark des Erbarmens unseres Gottes zu rühren – erhebet eure Hände und Stimmen zum Himmel. Der Vater des Erbarmens wird in seiner Weise das Stöhnen der Elenden hören. Wenn euch das weniger liegt, fleht in seinem Namen den an, der sich als Mittler für uns beim Vater einsetzt und seine Verdienste um uns auf die Waage bringt. Wer in seinem Namen bittet, dem wird nichts verweigert. Und da bei Christus das Eintreten der Heiligen viel bedeutet, vor allem das seiner seligsten Mutter, ruft jene um Hilfe an, setzt sie als eure Fürsprecher ein; so bittet mit den Worten der Kirche, dass sie sich als Mutter erweise. Legt eure Bitten in ihren Händen dem vor, der, als es feststand, dass er für

uns geboren werden sollte, sich gewürdigt hat, aus ihr geboren zu werden.

9. Das aber trage ich allen auf, dass von den Unseren neun Tage hindurch vor der nächsten Festfeier der Verkündigung des Herrn (wo diese Anweisung nicht mehr angebracht ist, wähle man einen beliebigen Festtag der seligsten Jungfrau) zur Vorbereitung auf dieses Fest einige herausragende Frömmigkeitsübungen gehalten werden, die durch die jeweiligen Oberen vorzuschreiben sind und die von allen gemeinsam, soweit das geschehen kann, verrichtet werden; neben den privaten Gebeten und freiwilligen Kreuzwegen, von denen jeder ein von ihm selbst zu bestimmendes Maß oder entsprechend seinem Eifer in Übungen der Frömmigkeit auf sich nehme; dafür ist der Gewissensberater zu befragen. Schließlich haben während des ganzen nächsten Jahres 1760 die einzelnen Priester wöchentlich eine Messe für unsere Gesellschaft außer der schon vorgesehenen zu feiern. Ich wünschte sehr, dass diese Messfeiern alle am selben Tag gehalten werden; in diesem Sinne kann jeder für sich den Samstag auswählen; außerdem, dass in allen Messen das Kollekten-Gebet für die Kongregation und die Familie hinzugefügt werde. Und ein Letztes: dass jene, die nicht Priester sind, einen Rosenkranz pro Woche für die Gesellschaft beten zusätzlich zu dem, der durch die Regel vorgeschrieben ist.

10. Es bleibt noch, dass ich alle und jeden Einzelnen darum flehentlich bitte, was ich aus ganzem Herzen tue, dass ihr mir von Gott jenen Geist erwirkt, den ich für die anderen erwarte; dass nicht vielleicht ich durch meine

Vergehen die göttliche Bestrafung der Gesellschaft, die es nicht verdient, herbeiführe. Auch das erfleht für mich, bittet, dass Gott mein Licht sei, meine Stärke, mein Heil und alle meine Schritte zu seinem Wohlgefallen lenke: aus diesem Grunde empfehle ich mich besonders euren Hl. Opfern und Gebeten.

Verehrte Patres und liebe Fratres, euer aller Diener in Christo, Lorenzo Ricci

# Brief von M. R. P. Lorenzo Ricci SJ
## AN DIE PATRES UND BRÜDER DER
## GESELLSCHAFT JESU (Rom, 30. November 1761)

*Von Gründen der Tröstung und von der Zuflucht zu Gott im Missgeschick selbst*

1. In der andauernden Notlage, der unsere Gesellschaft, von Gott gerecht und barmherzig verfügt, ausgesetzt ist, habe ich, liebe Patres und Fratres, jenes überaus sehr befürchtet, dass ihr wegen ihrer Dauer und Wucht nicht bloß schwerwiegende Schäden hinzunehmen habt, sondern dass es auch geschehe, dass der Mut schwindet und ihr von der Geduld und dem Vertrauen in Gott abfallet. Und was den ersten Grund meiner Befürchtung angeht, fiel mir sogleich ein: in deine Hand sei unser Los gelegt (vgl. Ps 31,16), in die Hände des liebenswürdigsten Vaters; da nichts geschieht ohne seine Zustimmung, da alles von ihm zu unserem Heil und unserem geistlichen Fortschritt ausgerichtet ist, da alles aus seiner unendlichen Liebe zu uns sich ereignet.

2. Aus dieser einen Quelle fließen unzählige Rinnsale der Linderung; denn da nach dem Zeugnis des Propheten die Gerechten viel Böses erleiden (vgl. Ps 34,20), dürfen wir hoffen, dass die göttliche Güte, auch wenn wir unwürdige Sünder sind, uns zu den Gerechten zählen wird. Von dieser Vorstellung der Linderung soll dieser Gedanke nichts wegnehmen, dass Gott nicht so sehr die Übung der Tugenden im Auge hat, eher die Bestrafung unserer Sünden; selbst das ist nämlich ein Beweis aus-

erlesener Barmherzigkeit, dass jener, der in der Zeit der Prüfung denen die Sünden erlässt, die ihn anrufen (vgl. Tob 3), Sündenstrafen in diesem Leben zu tilgen vermag, in dem wir auch viel leichter Sündenstrafen reinwaschen und das Ertragen der Strafen mit der Frucht eines großen Verdienstes einhergeht; nichts wird für das andere Leben vorbehalten, in dem Sünden durch weitaus größere Strafen gesühnt werden, ohne dass das Ertragen von Strafen mit dem Nutzen des Verdienstes verbunden ist. Wenn also, wie es im dritten Kapitel des Buches Tobit zu lesen ist, unser Leben die Prüfung bestanden haben wird, wird es auch gekrönt werden; wenn es Tadel erfahren wird, wird es sich an die Barmherzigkeit Gottes wenden können.

3. Doch nicht nur das hat Gott vor, dass er sehr harte und weniger nutzbringende Strafen durch eher leichte und nützliche ablöst, sondern auch, dass er uns dafür gewinne, reiche Schätze im Himmel zu empfangen; möchten wir doch von Gott auferlegte Notlagen geduldig, demütig, mit einem Wort in der Nachfolge Christi, des Herrn, und der Heiligen ertragen. *Aber das Tor, das zum Leben führt, ist eng und der Weg dahin ist schmal und nur wenige finden ihn* (Mt 7,14). Auf diesem Weg, umso beglückender je steiler er ist, gehen wir voran. Die Drangsal ist auch eine Art Kapital, für das wir eine immense Verherrlichung gleichsam mitkaufen. Je mehr wir einsetzen, umso reicher wird der Ertrag an Verherrlichung sein.

4. Ferner ist zur Erreichung dieses Zieles kein Mittel geeigneter als Drangsal; wie ein entschlackendes Feuer wirkt sie auf unsere Affekte und reinigt sie von Ma-

kel und jedem üblen Trend. Denn wenn in den Mühen, die wir zur Ehre Gottes und für das Heil der Seelen übernommen haben, etwas an Vorteil oder menschlichem Lob in irgendwie unausgesprochenen Erwartungen der Seele gesucht wird oder etwas aufgrund der verführerischen List unserer Natur in der Lebensweise von Ordensleuten als allgemeiner Feind begegnet – in der Not der Drangsal begegnet uns die Ernüchterung unserer Erwartung und, wenn wir erkennen, durch jene ohnehin nichtigen Dinge betrogen worden zu sein, werden wir durch eine gewissermaßen heilige Hoffnungslosigkeit allmählich unsere Seele von allen irdischen Dingen zurückrufen und es lernen, alles einzig auf Gott zu beziehen, an dessen Treue wir nicht zweifeln können.

5. In diesem Zusammenhang passiert es auch, dass uns Ekel an diesem erbärmlichen Leben erfasst und wir den Geist zu den Sehnsüchten nach dem himmlischen Vaterland erheben. Denn die Blindheit und Gebrechlichkeit unserer Natur wird mehr von der Gegenwart eitlen Gutes als von der Hoffnung auf die echten Güter der Zukunft hingerissen; wenn daher das gegenwärtige Leben nichts von jenem eitlen Gut an sich hat, sondern überall von Beklemmungen, Furcht und Schmerzen bedrängt wird, erkennen wir jenes Einzige, das uns geblieben ist, aus Erfahrung, sodass wir nach jenem seligen Vaterhaus verlangen, in das wir unseren Fuß setzen werden, und *Gott wird alle Tränen von ihren Augen abwischen* (Offb 7,17).

6. Außerdem bringt Drangsal den Vorteil mit sich,

dass sie uns demütig und vorsichtig im Handeln und Sprechen machen kann und den Gebetseifer weckt. Wie nämlich Lob, Beifall, Wohlwollen und darin enthaltene Hochschätzung im Herzen aller Menschen Stolz begünstigen, so führen uns Geringschätzung, Tadel, Vernachlässigung, das Ausbleiben von Anreizen zu Stolz, zur Erkenntnis unserer Geringfügigkeit und verwehren es uns, das anzustreben, was wir als etwas erkannt haben, das für uns nicht infrage kommt. Da wir wirklich wahrgenommen haben, dass die Augen der Menschen darauf gerichtet sind, nach uns und all dem Unseren zu greifen, es schlechtmachen und falsch verstehen, hüten wir uns, so gut es geht, weder in Worten noch in Werken irgendeinen Anlass zu Herabsetzung zu geben. Schließlich, da wir durch keine menschliche Maßnahme an Bedrängnissen vorbeikommen werden, erheben wir unsere Augen zu Gott, rufen wir öfter und inniger zu jenem, der kein Gefallen hat an unserem Verderben, sondern nach dem Sturm Ruhe schafft und nach Tränen und Weinen Jubel schenkt (vgl. Tob 3).

7. Gewiss sieht Gott vom Himmel aus unsere Drangsal; wenn wir das alles ertragen, wie es Dienern Gottes entspricht, freut er sich nicht so sehr an unserem Triumph, sondern an seinem, da er durch seine Gnade in uns siegt; mit Gott freuen sich die Heiligen und uns erwarten die künftigen Genossen in den Tröstungen als ihre Genossen in den Leiden. Durch Drangsal wird ja wie *durch heilsame und wiederholte Einschnitte des Schnitzmessers* – so besingt es die Kirche im Stundengebet der Kirchweihe – ein annäherndes Bild und Gleichnis seines

Sohnes Jesus Christus von Gott in uns herausgearbeitet, um es irgendwann einmal in den Rang der ewigen Seligkeit einzureihen.

8. Noch eine Überlegung füge ich zu eurem Trost hinzu, die vor allem auf jene zutrifft, die Gott lieben. Niemand wird es bezweifeln, dass unsere Drangsal, worin immer sie besteht, aus welchem Grunde sie uns widerfährt und welchen Ausgang immer sie nehmen wird, der göttlichen Ehre dient. Es gibt also nichts, weshalb Drangsal uns Sorgen bereiten könnte, da wir ja in allem Gottes größere Ehre suchen sollen, wie unser Institut es vorsieht. Es soll uns genügen, Ehre für Gott aus unserer Drangsal zu gewinnen; es ziemt sich, dass wird ihr zustimmen, ja uns daran geradezu freuen, wenn wir Gott lieben.

9. Und das sind die Erwägungen, mit denen *der Vater des Erbarmens und Gott allen Trostes ... uns in aller Not* (2 Kor 1,3.4) tröstet. Während ich das im Geiste erwäge, vertraue ich darauf, dass ihr, geliebte Patres und Fratres, in reichem Maße jene Früchte bringen werdet, von denen ich gesprochen habe. Wenn ich das Herz der Heiligen hätte, würde ich mit dem Apostel sagen: *Trotz all unserer Not bin ich von Trost erfüllt und ströme über von Freude* (2 Kor 7,4). Und wenn es Gott gefallen sollte, schließlich auf diese Weise eine Besserung der Mängel uns gewissermaßen zu entwinden, in uns die Furcht vor ihm zu mehren, die Beobachtung der Regeln, den Eifer im Gebet, Demut, Liebe, Abtötung, Verachtung der Welt, Seeleneifer voranzubringen, möchte ich bitten, dass er die Hand von der Geißel nicht zurücknehme, und es wäre für mich trostreich, dass er, wenn er mich züchtigt,

mir den Schmerz nicht ersparte (vgl. Tob 6), wenn doch nur diese Frucht der Drangsal in unserer Gesellschaft wachsen möchte.

10. Übrigens, während ich mich in Drangsal ängstige und zu schwach bin, vom Schmerz des Gegenwärtigen und der Furcht vor dem Künftigen mich nicht bedrängen zu lassen, fürchte ich doch vor allem, dass ihr vielleicht aus der Geduld und dem Vertrauen heraustretet. In der Tat, Gott lässt es meist nicht zu, dass wir alle Tage die Drangsal ertragen müssen, weil ihn das Erbarmen mit unserer Hinfälligkeit berührt (vgl. Ps 102,14) und er uns als Vater behandelt, den die Liebe schnell die Hand von der Züchtigung des Sohnes zurücknehmen heißt, damit er seinem Namen die Ehre gebe (vgl. Jdt 7) und an uns handle nach seinem *reichen Erbarmen* (Ps 51,3).

11. Es ist nicht schwierig, die göttliche Güte durch Bitten zu bewegen: Richtet auf jeden Fall die Hoffnung auf sie, jedoch, soweit es an euch ist, eine Hoffnung, in der ihr die göttliche Macht und Güte würdigt, dann sind eure Dinge gesichert. Das weiß doch jeder von euch, dass in den Schriften das als Grund angegeben wird, warum in Not geratene Menschen aus Übeln befreit werden, weil sie auf Gott gehofft haben. *Der Herr hilft ihnen und rettet sie,* sagt der Prophet (Ps 37,40), und wiederum: *Doch auf dich, Herr, harre ich; du wirst mich erhören, Herr, mein Gott.* (Ps 38,16) und an anderer Stelle: *weil er an mir hängt, will ich ihn retten* (Ps 91,14). Wer hat nicht jenes gehört: *Ein Schild ist er für alle, die sich bei ihm bergen* (2 Sam 22,31; vgl. Ps 18,31). Hier ist zu bemerken, dass niemand, der hofft, ausgeschlossen wird; *die Angst des Menschen führt in*

*die Falle; wer auf den Herrn vertraut, ist gesichert* (Spr 29,25; vgl. Ps 31; vgl. Sir 32 ). Wer aber sollte fürchten, dass Übles, das uns umzingelt, in ihn eindringt, wenn sein Vertrauen so sehr gewachsen ist, dass er das göttliche Erbarmen auf seiner Seite hat? Schließlich können jene Worte im zweiten Kapitel Sirach und dem ersten Buch der Makkabäer Kapitel zwei nicht ohne große innere Bewegung gelesen werden, wo wir aufgerufen werden, alle Nationen und Stämme anzuschauen und einzusehen, dass niemand, der auf den Herrn gehofft hat, beschämt wird (vgl. Sir 2), alle vorangegangenen Generationen zu betrachten und festzustellen: *Überdenkt unsere ganze Vergangenheit: Keiner, der ihm vertraut, kommt zu Fall* (1 Makk 2,61). Weil das in allen Nationen und Generationen erkannt werden kann, werden wir durch unsere eigene Erfahrung belehrt, wenn wir von neuem erwägen, wie oft unsere Vorfahren, die in Bedrängnis geraten waren, Gott vom Übel bewahrt hat – weil sie auf ihn gehofft haben. Wenn wir aber nichts Größeres oder Ähnliches erduldet haben, folgt doch daraus, dass unsere Hoffnung lebendiger sein sollte als die unserer Vorfahren, da es leicht sein kann, *dass viele wenigen in die Hände fallen; für den Himmel macht es keinen Unterschied, ob er durch viele oder wenige Rettung bringt* (1 Makk 3,18). *Lasst uns also voll Zuversicht hingehen zum Thron der Gnade* (Hebr 4,16); rufen wir zu ihm und er wird uns erhören; er wird uns aus den stürmischen Wassern ziehen, aus der Enge befreien; denn Gott ist mächtig genug, aus allem zu befreien und er ist *voll Erbarmen* (Eph 2,4).

12. Daher: Was ich in einzelnen früheren Jahren gut

fand, Gebete zu verordnen, mache ich in diesem Jahr mit Nachdruck, da die bedrängende Not größer wird und wächst. Ich werde es gern hinnehmen, alle Jahre meiner Regierungszeit für mich als Jahre der Drangsal anzunehmen, wenn nur dieselben für euch auch Jahre des Gebetes und flehentlichen Bittens sind; dessen bin ich sicher, Gott wird uns niemals seine Barmherzigkeit entziehen, solange er uns den Geist des Gebetes nicht entzieht entsprechend jenen Worten des Psalms: *Gepriesen sei Gott; denn er hat mein Gebet nicht verworfen und mir seine Huld nicht entzogen* (Ps 66,20).

13. Ich halte es für angebracht, für das nächste Jahr drei Frömmigkeitsübungen anzuraten, ja aufzutragen: die erste – die Einzelnen sollen täglich einmal das heiligste Sakrament besuchen und dort entsprechend ihrer Gepflogenheit und Frömmigkeit für unsere Gesellschaft die göttliche Gunst und Nähe erflehen. Wenn das aber nicht überall und bei allen möglich sein sollte, es zur bestimmten Stunde gemeinsam zu tun, so werde ich deswegen nicht an der Frömmigkeit der Einzelnen zweifeln und meinen, dass es vielleicht von jemandem ohne wirklich gegebene Verhinderung ausgelassen wird. Alle sollen sich dessen bewusst sein, dass die öffentliche Notlage alle betrifft und angeht; sie sollen darauf achten, wie viel sie der Gesellschaft schulden, von der sie für die Tugend großgezogen wurden; sie sollen sich hüten, dass die Schuld von Einzelnen länger von der ganzen Gesellschaft zu ertragen sei. Die zweite – der Allerheiligenlitanei, die gewöhnlich täglich gebetet wird und werden soll, ist die Litanei von der seligsten Jung-

frau vorauszuschicken. Die dritte – vor den fünf feierlicheren Festen der seligsten Jungfrau, die zu feiern geboten sind, soll von allen an drei Tagen nacheinander in unseren einzelnen Häusern wenigstens eine halbe Stunde vor dem Bild zum Festgeheimnis oder einer Reliquie gebetet werden, sei es in der Hauskapelle, sei es in der Kirche bei verschlossenen Toren. Übrigens sollen jene, in denen die Frömmigkeit Gott gegenüber und das Verlangen nach dem Gemeinwohl nicht erlahmt ist und die sich mit diesen leichteren Übungen nicht begnügen, zusätzlich mehr Gebete, freiwillige Bußübungen und andere fromme Werke verrichtet werden. Fleht außer dem Vater und dessen Sohn Jesus Christus Helfer und Patrone an; an erster Stelle natürlich die seligste Jungfrau, von der es nie gehört worden ist, jemand sei von ihr verlassen worden, der bei ihr Schutz suchte; dann aber auch die heiligen Schutzengel unserer Gesellschaft, die heiligen Josef und Johannes Nepomuk, die sie für sich zu besonderen Schutzpatronen erwählt hat, und jene, die durch ihre Tugenden sie zu Lebzeiten geschmückt haben, jetzt aber vom Himmel aus sie beschützen, damit durch die Vielzahl der Fürsprecher Gott uns die Fülle seiner Gunst schenke.

14. Schließlich möchte ich euch deutlich darauf aufmerksam machen, dass nicht Gebete und Flehrufe von irgendwelchen, sondern von den Gerechten mit Hilfe in Bedrängnis und Not rechnen können; denn *die Augen des Herrn blicken auf die Gerechten, seine Ohren hören ihr Schreien* (Ps 34,16). *Schreien die Gerechten, so hört sie der Herr; er entreißt sie all ihren Ängsten* (ebd. 18). *Ich suchte den Herrn*

*und er hat mich erhört, er hat mich all meinen Ängsten entrissen*
(ebd. 5). Erinnert euch: Hoffnung wird denen zuteil,
die Gott fürchten (vgl. Sir 2,9), wie wir in den heiligen
Schriften lesen: Ihr, die ihr Gott fürchtet, hofft auf ihn.
*Hoffe auf ihn, er wird deine Wege ebnen* (ebd. 6), *vertrau auf
den Herrn und tu das Gute* (Ps 37,3). Damit eure Hoffnung
fest sei, damit eure Gebete Wirkung zeigen, tut das
Gute, haltet euch an alle Gerechtigkeit. Suchet Gott und
fürchtet ihn vor allem mit jener kindlichen Furcht, die
jede selbst leichteste Beleidigung des Vaters verabscheut;
lenkt eure Wege entsprechend euren heiligen Gesetzen
der Ordensregel; bemüht euch, das Ziel zu erreichen,
das der liebenswürdigste Vater gesteckt hat, damit durch
Bedrängnisse unsere Sitten zum Besseren gewendet und
das Verlangen nach Tugenden gemehrt werde.

15. Das habe ich geschrieben, damit ich euch, soweit
ich es vermag, Trost spende; in der Tat ist nichts so
sicher und zuverlässig; ich lindere auch meinen Schmerz,
der durch euren Schmerz sehr zunimmt. So schließe ich
also mit jenen Worten des Apostels, die das, was ich
ausführlicher erklärt habe, kurz zusammenfassen, und
bitte euch, dass ihr dem Herrn dient – *fröhlich in der
Hoffnung, geduldig in der Bedrängnis, beharrlich im Gebet* (Röm
12,12). Schließlich bitte ich, zum Himmel gewandt: *der
Gott der Hoffnung aber erfülle euch mit aller Freude und allem
Frieden im Glauben* (Röm 15,13); ich selbst möchte mich
euren heiligen Opfern und Gebeten empfehlen.

Verehrte Patres und liebe Fratres, euer aller Diener in
Christo, Lorenzo Ricci

*Vom eifrigen Ausharren im Gebet
während solcher Bedrängnis*

1. Wenngleich Gebet zum eifrigen Ausharren in ihm
schon von sich aus genug ermahnt, tut es auch noch
die anhaltende Heftigkeit der uns bedrängenden Drangsal; nichtsdestoweniger *halte ich es für richtig, euch daran zu
erinnern, solange ich noch in diesem Zelt lebe, und euch dadurch
wach zu halten* (2 Petr 1,13). Sei es, dass die göttliche Vorsehung von uns erwartet, dass wir zwar unbedeutende,
aber aufmerksame Erforscher und Deuter ihrer Absichten und Pläne werden; sei es, dass vielleicht einigen die
öffentliche Notlage weniger als üblich zusetzt, wodurch
nichts oder vielleicht weniger an ihren privaten Vorteilen
gemindert wird. Einige andere jedoch, die nur auf die
sichtbare Geißel den Blick gerichtet haben, achten nicht
auf die unsichtbare Hand, durch die das in Bewegung
gesetzt wird. Auch wenn bei der täglichen Zunahme der
Drangsal es zutrifft, dass sie, je länger das Böse dauert,
eine gewisse Abstumpfung mit sich bringt, bedingt durch
Schwielen im Inneren, oder weil gegen Gewohntes nichts
aufkommt oder weil ihr Inneres zum Bösen rät, weil ja
doch kein Kraut dagegen gewachsen sei.

2. Fern von uns sei, liebe Patres und Fratres, diese Her-
zenshärte. Sie vernebelt den väterlichen Eingebungen
Gottes, die einem immer vor Augen stehen, den Blick

aufs Ziel. Uns würde sie Lob und Lohn für die nötige Geduld nehmen und uns von den Übungen christlicher Frömmigkeit abziehen, die, unablässig und treu verrichtet, schließlich doch die göttliche Barmherzigkeit erreichten, sodass durch sie die Traurigkeit selbst in Freude verwandelt würde. Deshalb solltet ihr, wenn ich die Worte des Apostels gebrauchen darf, nie die tröstenden Worte vergessen (vgl. Hebr 12,5), durch die Gott euch als geliebte Söhne zusammenholt und zur Geduld ermahnt: *Mein Sohn, verachte nicht die Zucht des Herrn, widersetz dich nicht, wenn er dich zurechtweist* (Spr 3,11). Es ist nämlich auch nicht angebracht, den inneren Gleichmut, durch den Drangsal erträglich wird, durch Drangsal brechen oder nehmen zu lassen; denn man soll *sich Gott unterordnen und nicht überheblich sein* (2 Makk 9,12). Diese Drangsal, sofern sie von Gott kommt, findet bei Gott auch Gefallen; was jedoch uns genug sein soll, dass sie nicht nur gelassen und ergeben von einem jeden von uns auf sich zu nehmen sei, sondern sie gefällig als die Unsere zu empfinden, in Übereinstimmung mit dem göttlichen Willen. Und was können wir weise und hilfreich wollen, wenn nicht das, was Gott selbst will; und außerdem, was Gott gefällt, wie sollte das irgendwo nicht gefallen?

3. Doch jenes Übereinstimmen unseres Willens mit dem, was Gott gefällt, ist so weit davon entfernt, Schmerzempfinden auszuschalten, schon eher hebt es das Vorhandensein von Schmerz hervor. Was sollte einer dankbaren Herzens Gott darbringen, in dem die Gewohnheit des Leidens alles Schmerzempfinden verdrängte und auslöschte? Doch selbst die göttliche Hilfe

unterdrückt es nicht; dieses eine ist ihr eigen, dass sie uns im Tragen stark und standhaft zu machen vermag; deren bewundernswerte Kraft liegt auch darin, dass sie selbst die inneren Qualen des Herzens durch eine unaussprechliche Milde so sehr mäßigt, dass ob des Reichtums himmlischer Köstlichkeiten diese heiligen Worte des Apostels aus jedem Herzen hervorgelockt werden: *Trotz all unserer Not bin ich von Trost erfüllt und ströme über von Freude* (2 Kor 7,4).

4. Übrigens, in welcher Weise immer christliche Übereinstimmung mit dem göttlichen Willen von der Heftigkeit des Schmerzes nichts wegnimmt, so darf sie auch nicht den Eifer unserer Gebete mindern. Christus, der unser wahrer Lehrer ist, hat, nachdem er diese de- mütige Weise des Betens vorausgeschickt hatte: *Dein Wille geschehe, wie im Himmel so auf Erden,* eine andere sofort hinzugefügt: *Unser tägliches Brot gib uns heute;* daraus könnten wir uns auf wunderbare Weise belehren lassen, dass auch für das Erlangen zeitlicher Hilfe der himm- lische Vater anzuflehen ist.

5. Daher, liebe Patres und Fratres, wollen wir, da wir vom Herrn, der den Himmel und die Erde gemacht hat, Hilfe erwarten (vgl. Ps 121,2), wirklich niemals anderswo hingehen, neuerdings wollen wir uns an ihn wenden. Zum Thron seiner Gnade erhebt sich erneut das Seuf- zen unseres Herzens, und schämen wir uns nicht, von neuem flehentlich zu beten: *Herr, wende dich uns doch endlich zu! Hab Mitleid mit deinen Knechten!* (Ps 90,13). Schämen wir uns nicht, sagte ich, mit verstärktem Eifer zu betteln und zu bitten, dass weniger auf unsere Verdienste hin,

wohl aber dank seiner gewohnten Güte etwas erlassen werde; damit auf die täglichen Bitten und Seufzer hin schließlich Erhörung und Befreiung widerfahre. Daher will ich und trage jetzt allen auf, dass wir wie in den eben vergangenen Jahren auch im kommenden Jahr Übungen der Frömmigkeit verrichten: an den einzelnen Tagen sollen die Litaneien der seligsten Jungfrau Maria gebetet werden, vor ihren Hauptfesten ist ein Gebets-Triduum zu halten, und täglich mache man einen Besuch des heiligsten Sakramentes.

6. Das Verrichten dieser Übungen ist leicht, ja wohltuend; sie ordnet sich dem persönlichen Nutzen der einzelnen fördernd ein. Oder ist etwa die Anrufung Marias nicht wohltuend? Keiner soll also sie auslassen oder vernachlässigen, nicht deshalb, weil sonst etwas zu befürchten wäre. Aber ihr solltet euch daran erinnern, dass das Gebet Gott umso gefälliger, umso geeigneter ist, sein Erbarmen zu bewegen, je mehr der Beter in seinem Verhalten heilig und an Tugend reich ist: *Schreien die Gerechten, so hört sie der Herr, sagt der königliche Seher, er entreißt sie all ihren Ängsten* (Ps 34,18); und im Buch der Sprichwörter: Das Gebet der Gerechten hört der Herr (vgl. Spr 15,13). Was, wenn schon wir, angeregt vom allgemeinen Verständnis der Gläubigen, uns anleiten lassen, durch Gebet Hilfe zu erlangen, um wie viel mehr wird unser Vertrauen wachsen, sobald wir nach größerer Heiligkeit des Lebens streben; jene wählen wir unter den Menschen als Fürsprecher bei Gott aus, von denen wir meinen, sie seien Gott genehmer, und beachten die anderen weniger, die in der Familie Christi nur eine

Nummer sind und durch keine offenkundige Tugend empfohlen werden.

9. [*sic*] Ebenso wünsche ich sehnlichst, dass durch diese Gabe, nämlich die Heiligkeit, eure Gebete veredelt und gefestigt werden; aus dieser Gabe, wenngleich sie als etwas Äußeres am Gebet angesehen werden kann, bezieht das Gebet doch all seine Kraft; freilich ist das nicht von einer lahmen und nachlässigen, sondern von einer eifrigen und heiligen Seele zu erwarten, dass sie ihren Gebeten Demut, Zuverlässigkeit und Ausdauer verleiht. Wenn alle und jeder von der Gesellschaft (Jesu) um den Dienst Gottes eifrig bemüht wären, wenn Gott so viele Gefährten zu vorzüglichen Freunden hätte, könnte da – ich frage euch – irgendetwas von so hohem Wert sein, was die gebündelten Flehrufe der gesamten Gesellschaft von der göttlichen Güte nicht zu erwarten, ja für sich in Anspruch zu nehmen in der Lage wäre? Wie schnell, wie gewiss würde das Gebet zum Thron Gottes emporsteigen und Wohltaten erlangen, wenn zur Zeit der täglichen Anbetung des heiligsten Sakramentes oder beim Beten der Litaneien die ganze Ordensgemeinschaft zusammenkommt, fast zur selben Stunde Gebete von Menschen verrichtet würden, die ehrlich verabscheuen, was die Welt liebt und umfängt, Vergnügungen, klingende Titel, Ehrungen, jedoch zulassen und verlangen, was Christus geliebt und umfangen hat, Verachtung, Armut, Schmerzen; deren herausragendes und eifrig betriebenes Bestreben darin bestünde, in allen Dingen größere Abtötung zu suchen; dass sie die rechte Absicht haben nicht nur hinsichtlich ihres Lebensstandes, sondern auch

in allen einzelnen Dingen; dass sie also bereit wären, auf das leiseste Geheiß des Oberen dahin zu gehen, wohin die größere Verfügbarkeit Gott gegenüber ruft; dass sie schließlich in diesem Feuer brennen, das Christus gekommen ist, *auf die Erde zu werfen* (Lk 12,49)? Sagt selber, ob Gott, der eines einzelnen gläubigen Dieners Gebete erhört, es übers Herz bringt, dass er so vieler Menschen Bitten, die sich fromm damit an ihn wenden, nicht erhöre.

10. Wenn wir beten, sollten wir es mit dieser Einstellung tun; ja die Regeln, die von mir oben flüchtig erwähnt wurden, seien die hauptsächlichen Grundlagen unseres Institutes, eben diese, deren Beobachtung besonders eifrig zu pflegen ist. Doch nicht von allen ist das gleiche Maß an Vollkommenheit zu erwarten oder zu fordern: Das weiß ich, aber ich weiß auch, dass von allen viel in Entsprechung zur Gnade Gottes, die ihnen mitgeteilt wird, geleistet werden kann; die Zuteilung der göttlichen Gnade an die Einzelnen ist ganz gewiss reichhaltig: Außerdem ist es vom Institut des Lebens allen auferlegt, dass ein jeder danach trachte, zu einem vorzüglichen Grad der Vollkommenheit zu gelangen. Allerdings weiß ich und stelle es bedrückt fest, dass eine zahlreiche Familie von Ordensleuten aufgrund eines irgendwie bedauerlichen Geschickes, auch aufgrund der anfälligen Natur der Menschen einige Lahme und Nachlässige in ihren Reihen hat; ich weiß, nach dem göttlichen Plan Christi muss es Ärgernisse geben (vgl. Mt 18,7); gerade für diese lauen Menschen, vor allem für sie, die nach den Worten des Hieronymus durch ihr Laster es bewirken, dass das,

was notwendigerweise in der Welt geschehen muss, durch sie geschieht (vgl. Mt 18), für sie, sage ich, ist es passend, eben diese Worte Christi in den Sinn zu rufen und als etwas vorzulegen, was allen Ernstes zu bedenken ist: Wehe dem Menschen, durch den Ärgernisse kommen.

11. Kurzum, es tut gut, für diese Art von Tugend sich einzusetzen, die ich vor allem anderen empfehle, nicht deshalb, weil es mir aufgetragen wäre, davon ausführlich zu sprechen, sondern weil sie überaus geeignete Praktiken enthalten, jene Wohltaten zu bekommen, die wir inständig erbitten. Diese Tugend möchte Gott vielleicht von einigen sorgfältiger gepflegt sehen, der bereit ist, unsere Gebete zu erhören, wenn sie wirklich nach seinem Willen ausgeübt werden.

12. Mit der Demut möchte ich beginnen. Ihr wisst genau, liebe Patres und Fratres, dass Gott uns berufen und bestellt hat, im Werk des heiligen Ignatius seine Verherrlichung zu verfolgen. Übrigens, wenn Gottes Ehre nachgereiht wird, würden die Unseren eines jeden private Ehre zu ihrem Ziel erklären und bestimmen; wer von uns könnte es sich da naiv und dumm vorgaukeln, dass er darauf hoffe, Gott werde väterlich auf das Heil unserer Gesellschaft achten oder Ignatius selbst als der Gründer der Gesellschaft werde inständig die göttliche Majestät darum bitten, sein Werk zu bewahren? Dann würde die Gesellschaft zu jenem fad gewordenen Salz, das zu nichts mehr taugt; *es wird weggeworfen und von den Leuten zertreten* (vgl. Mt 5,13).

13. Die Ehre der Gesellschaft soll uns nicht täuschen; jene Ehre der Gesellschaft ist gewiss sorgfältig zu be-

wahren und eifrig zu fördern; aber nur zu diesem Sinn und Ziel, dass daraus reicherer Nutzen für den Nächsten komme, dass ihre Tugend wirkmächtiger hervortrete zur Mehrung von Gottes Ehre. Die Ehre der Gesellschaft ist zu schützen durch die Reinheit der Sitten, durch die Heiligkeit der Unterredungen, durch das unermüdliche Streben nach dem Heil der Seelen; jedoch nicht zum schamlosen Feiern der eigenen Verdienste, nicht durch üble Nachrede, nicht durch Verachtung anderer. Außerdem ist sehr zu befürchten, dass sich unter diesem gemeinsamen Mantel lobenswerten Rufes ein verkehrtes Trachten nach persönlichen Interessen einschleicht, in der Weise, dass öffentliches Ansehen, das auf unsere private Vorzüglichkeit zurückgeht, uns am meisten reizt und alles herabsetzt, was von anderen an Ehre für den Orden hervorgebracht wurde.

14. Es ist leicht zu sagen: zur Ehre und zur Verherrlichung Gottes; aber wäre es doch ebenso leicht, zur Ehre Gottes zu wirken, ohne dass diese heiligen Worte nicht zu eitlem Ruhm verleiteten! Wer auf dieses Ziel hinarbeiten möchte, von dem ist ohne Zweifel zu erwarten, dass er die eigenen Vorteile hinten anreiht; die eigene Ehre ist so sehr hintanzustellen, dass einer, der nur für Gott da ist, auf sich vollkommen vergisst. Schließlich werden wir Gott nur dann mit lauteren Herzen bitten, dass sein heiliger Name verherrlicht werde, wenn wir mit David bitten, dass unserem eigenen Namen nicht Ruhm und Ehre widerfahre: *Nicht uns, o Herr, bring zu Ehren, nicht uns, sondern deinem Namen* (Ps 115,1).

15. Armut ist die andere Tugend, die für unser Gebet, so scheint es mir, am ehesten zielführend ist. Durch sie ist Christus ausgezeichnet. *Er, der reich war, wurde euretwegen arm* (2 Kor 8,9). Zudem ist in Äußerungen der Evangelien in seinen Anweisungen für die himmlischen Dinge immer wieder von der freiwilligen Armut die Rede: *Selig, die arm sind vor Gott* (Mt 5,3). Es folgt, die Gefährten Christi seien gewissermaßen an der Armut als einer besonderen Note zu erkennen; selbst die Apostel hatten sich durch keine andere Note als seine Gefolgsleute und Gefährten ausgewiesen: *Du weißt, wir haben alles verlassen und sind dir nachgefolgt* (Mt 19,27). Diese besondere Note ist geeignet, unsere Gebete in den Himmel derart vordringen zu lassen, dass der heilige Ignatius diese Gebete seiner Söhne nicht wie die von Außenstehenden ansieht und dem Allerhöchsten empfiehlt, auf deren Erhörung er vertrauensvoll wartet und dass schließlich Christus den Schutz seiner Gesellschaft, die er mit unverkennbaren Zeichen geschmückt und für sich erprobt hat, übernehme.

16. Mit der Entschlossenheit, Christus nachzufolgen, haben wir uns wohl in Armut Gott geweiht; aber es hat den Anschein, dass diese offenbar enger umschrieben werden kann, wenn sie nicht auf den Verzicht auf Vermögen und die Unterwerfung unter die Oberen im Gebrauch der Dinge eingeschränkt wird, sondern auch andere Auswirkungen der Armut einbeziehen möchte. Denn wenn man, nachdem die Wunden des Gekreuzigten geküsst wurden, wenn Tränen frommen Erbarmens um den Leidenden geweint wurden, wieder

auf ihn das Auge richtet und seine Armut mit unserer vergleicht, wird es in der Tat offenkundig, warum unser Gesicht beschämt sich senkt und mit Recht errötet. Eine Vielzahl heiliger Seelen, weit mehr als wir dem göttlichen Willen ergeben, haben das erfahren.

17. Endlich soll unsere Armut so weit gehen, dass sie, wenn etwas fehlt, es ohne Klagen erträgt; dass man mit dem gewohnten Lebensstil der Gesellschaft zufrieden ist, auch mit der Kleidung, die gemäß der Regel dem Stil der Armen angepasst ist; dass man in allem die Ordensleuten entsprechende Einfachheit wahrt und weltliche Annehmlichkeiten von sich weist; dass man vor aller Gesuchtheit zurückschreckt, nur das Notwendige erstrebt und alles, was von unseren Gepflogenheiten abweicht, für überflüssig und von sich fern halte. Zu diesem Grad der Vollkommenheit, der ja nicht besonders hoch oder zu steil ist, sollten gewiss alle aufsteigen. Der Aufstieg wird für jeden leicht sein, wenn die Armut, die zu umarmen Christus nicht als Schande erachtet hat, in der Meditation bedacht wird und wir, durch ein so großartiges Beispiel bewogen und dazu angeregt, unsere Herzen zu Liebe erwecken lassen.

18. Schließlich ist die Tugend des vollkommenen Gehorsams zu nennen, die nach dem Willen des heiligen Ignatius das Erkennungszeichen der Gesellschaft unter den übrigen Ordensfamilien sein soll; ich will es mir versagen, davon zu sprechen, da ja der Gründer der Gesellschaft selbst dessen Natur in seinem wunderbaren Brief weise erklärt, Stufen unterschieden, die Übung hervorgehoben, den Grund, ihn zu erlangen, aufgezeigt und

die geeignetsten Argumente und Anreize, durch die wir
zu seinem vollkommenen Vollzug eingeladen werden,
bereitgestellt hat. Daher wird es mir genügen, wenn
ich euch beiläufig ermahne, dass ihr in einer höchst be-
deutsamen Sache keinem Irrtum verfallet.

19. Der selige Vater weist darauf hin, es auf keinen
Fall zu verbieten, dem Oberen das vorzutragen, wenn
etwas, was von seiner Meinung vielleicht verschieden
ist, vorkommt; in den Satzungen tut er es allen deutlich
kund, es sei, wenn man merke, dass etwas für einen
schädlich sei oder etwas anderes an Lebensstil, Kleidung, Arbeitsstelle oder Wohnung nötig sei, erlaubt,
die Oberen daran zu erinnern. Diese so berechtigte, so
kluge, so väterliche Nachsicht, liebe Patres und Fratres,
dürfen wir von mir aus in Anspruch nehmen; doch nie
sollt ihr, ich beschwöre euch, im Umgang mit ihnen von
den genannten Vorsichtsmaßnahmen lassen. Ihr wisst
ja, wiederum von Ignatius belehrt, dass in jeglicher Äußerung des eigenen Urteils gegen die Anordnungen der
Oberen eine große Gefahr gelegen ist, dass wir uns von
Eigenliebe leicht täuschen lassen. Daher ist der Vater des
Lichtes, der Geber der Gaben zu fragen, ob es nicht von
Vorteil sei, den Oberen einzubeziehen; aber die Rede
sei weder übertrieben noch ängstlich; ruhig soll sie sein,
dafür geeignet, die göttliche Stimme zu hören und zu
vernehmen; wichtigtuendes Gehabe der Begierlichkeit
halte man nicht für ein göttliches Orakel. Vor und nach
der Äußerung der eigenen Meinung achte man auf den
Gleichmut, der vom heiligen Gründer mit Nachdruck
empfohlen wird, nicht bloß auf den, der sich auf die

Ausführung und den Willen bezieht, sondern auch darauf, sofern er das Urteil betrifft. Dieser Gleichmut des Herzens wird für jene, die in der Anordnung des Oberen den Willen Gottes erblicken, nicht besonders schwierig erscheinen.

20. Wenn jemandem übrigens irgendein Bedenken kommt gegen das, was dem Gehorsam gemäß ist, greife er auf andere Dokumente des heiligen Ignatius zurück. Achtet darauf, dass von ihm allenthalben eingeschärft wird, es sei nicht zu widerstreben, nicht zu widersprechen, selbst eine ganz geringfügige Abweichung unseres Urteils von dem des Oberen öffentlich zu äußern; auch sei nicht auf den ausdrücklichen Befehl des Oberen zu warten, sondern auf das leiseste Zeichen seines Willens hin bereitwillig zu gehorchen; es gehe auch nicht an, dessen Willen zu unserem hinzubiegen, vielmehr sei ihm die freie Verfügung über uns und unsere Dinge zu überlassen; unsere Willensäußerungen sind in allem, wo keine Sünde gesehen wird, was von vornherein anzunehmen ist, dem, was jener will, anzugleichen; sollte es vorkommen, dass Schwieriges und der sinnlichen Natur Widerstrebendes angeordnet wird, soll auch da bereitwillig, beherzt, in Demut ohne Entschuldigung oder Widerrede gehorcht werden.

21. Lasst jenen Vergleich, in dem vom Stab des Greises und vom Leichnam die Rede ist, in euren Sinn kommen, in dem die Fügsamkeit des in Wahrheit gehorsamen Ordensmannes angedeutet wird; auf unsere Anregung hin sollten die bewundernswerten Beispiele alter Coenobiten auftauchen, die den Willen und Versuch riskierten, auf

die Stimme des Oberen hin nicht nur Unnützes, sondern auch Unmögliches anzugehen.

22. Da schließlich vom Widerstand gegen den Willen der Oberen gehandelt wird, bitte ich doch, diese so beruhigenden und wirksamen Gründe ins Gedächtnis zu rufen, mit denen uns der heilige Ignatius zum vollkommenen Gehorsam ermahnt und aneifert. Es schäme sich, ja schämen sollen sich die Ordensmänner, sagt er, die wegen einer menschlichen Zielsetzung gehorchen; einen so nichtigen, einen so schalen Grund des Handelns wende Gott von euch ab; die Liebe zu Gott, das sei der einzige Grund zum Gehorsam; wie Gott euch mit der Freiheit beschenkt hat, so erstattet ihm durch den Gehorsam; er vernichtet nicht, er vollendet das, was von Gott gegeben wird. Genauer genommen leisten wir eher Gott als den Menschen Gehorsam, da der Mensch nichts anderes ist als Diener Gottes und gewissermaßen ein lebendiges Organ, durch das uns der göttliche Wille verdeutlicht wird. Von dieser Tugend predigt der Heilige Geist in den heiligen Schriften; diese bestätigte bisweilen Gott durch Wunder; diese haben zahlreiche heilige Menschen ausgeübt; diese hat unser Herr Jesus Christus selbst zu unserer Erbauung umfangen, wofür er bewundernswerte Beispiele gegeben hat. Der vollkommene Gehorsam möge eurem Herzen alle übrigen Tugenden einpflanzen, er wird euch durch ein leises und wechselseitiges Band der Liebe verbinden. Er bringe der Seele Ruhe und Jubelruf, den unbelehrbare Männer nicht kennen noch je kennen können. Er bereitet den Weg zum bestmöglichen Fortschritt in jeglicher Tugend

und im kirchlichen Dienst; er rege euch zur wahren Erkenntnis Gottes, zu echter Liebe an, die euch in der Wanderschaft des Lebens lenken und leiten werden und euch zum überaus beglückenden Ziel, zur ewigen Seligkeit gelangen lassen.

23. Daran zweifle ich nicht, liebe Patres und Fratres, dass ihr nicht nur den Sinn, sondern auch die Worte eures viellieben Vaters kennt; des Vaters Ignatius, meine ich, dessen einziges Verlangen zu Lebzeiten das war, dass er auf dem völlig klaren Weg zur Vollkommenheit euch Schritt für Schritt in den Himmel der Herrlichkeit führe. Vom Thron der himmlischen Herrlichkeit aus, den er schon innehat, ruft er euch wie einst auf Erden als Zeugen eindringlich auf, dass ihr alle eure Kräfte einsetzt und aufwendet, um den Gehorsam zu erlangen und euch in dieser Tugend besonders vorzüglich zu erweisen. Seine so eingängigen Ermahnungen und die Erinnerung an die Dokumente solltet ihr nie vom Tisch wischen; vielmehr sollen sie von euch im Auge behalten werden, wenn es auftrifft, den Anordnungen der Oberen sich widersetzen zu wollen. Einzig das bewahrt euch vor dem eigenen Irrtum und der Vernebelung des Urteils.

24. Insbesondere dieser Tugend, aber auch den übrigen ist es förderlich, dass sie unsere Gebete als ihre Gefährten und sozusagen als Fürsprecher am Thron Gottes haben; wenn wir diese nicht hinzufügen, wird, wie bei Jeremia zu lesen ist, eine äußerst dichte Wolke aufziehen, durch die die Gebete abgefangen und zurückgewiesen werden und wir uns Gott widersetzen: *Du hast dich in Wolken gehüllt, kein Gebet kann sie durchstoßen* (Klgl 3,44). Dagegen

wird allein schon unser aller Gebet, das von Tugenden gestützt und durchtränkt ist, nach dem Zeugnis des Apostels Jakobus viel vermögen, wenn es mit Sorgfalt verrichtet wird (vgl. Jak 5,16). Dem flehentlichen Gebet jener Gerechten wird vom Herrn Heil widerfahren, wie der Heilige Geist sagt, deren Gott Schutzherr in der Zeit der Bedrängnis ist (vgl. Ps 37,39), von denen er seine Blicke nicht abwendet, deren Pfade er bewacht (vgl. Spr 2,20), Wohnstätten segnet (vgl. Spr 3,33), Wege er lenkt und deren Gebrechen er heilt. Liebe Patres und Fratres, betet mit dieser Einstellung; und betet auch für mich und die übrigen Gefährten, diese Tugenden eher zu erlangen, als die Drangsal zu beseitigen. Wir werden mit unserem Los immer zufrieden sein, wenn wir mit dem Apostel zu diesem Zeugnis fähig sind: *Ob wir leben oder ob wir sterben, wir gehören dem Herrn* (Röm 14,8). Euren heiligen Opfern und Gebeten empfehle ich mich inständig.

Verehrte Patres und liebe Fratres, euer aller Diener in Christo, Lorenzo Ricci

# BRIEF VON M. R. P. LORENZO RICCI SJ
## AN DIE PATRES UND BRÜDER
## DER GESELLSCHAFT JESU (Rom, 16. Januar 1765)

*Von der Bestätigung unseres Institutes durch*
*Seine Heiligkeit Clemens XIII.*

1. Ich schicke euer Hochwürden ein Exemplar der jüngsten Apostolischen Konstitution (es ist *Apostolicum pascendi* von 1765), durch die seine Heiligkeit unser Herr Papst Clemens XIII. in Anwendung der göttlichen Rechte des Heiligen Römischen Stuhles sich unserer Notlage im Maße seiner außerordentlichen Aufmerksamkeit für die Bedrängten annimmt und neuerdings das Institut unserer Gesellschaft billigt und bestätigt. Was hätte man in dieser Zeit der Widrigkeiten Geeigneteres zu unserem Trost wünschen können, als dass der Stellvertreter Christi auf Erden – wenn jemand auf ihn hört, hört er Christus selbst – sich gewürdigt hat, uns persönlich aufzurichten und uns ermutigt, zur übernommenen Lebensweise zu stehen, sie zu schützen und zu leben? Bemühen wir uns doch, aus dieser einzigartigen Wohltat Gottes möglichst reiche Frucht zu schöpfen. Als erstes wollen wir unsere Herzen vor Gott öffnen, indem wir dem Vater des Erbarmens und dem Gott allen Trostes, der uns in jeglicher Bedrängnis aufrichtet, Dank sagen. Jedoch sollen sich alle hüten, diese göttliche Wohltat durch Anmaßung zu verderben; wohl aber sollen sie vor den Menschen in gebührender Bescheidenheit, Nüchternheit und Demut Freude zeigen.

2. Dann sollen sich alle daran erinnern, wie sehr es dem Institut angemessen sei, dass jene, die sich zu ihm bekennen, zusammenstehen: das Ziel, auf das das Institut ausgerichtet ist, ist fromm und heilig, die Mittel, die es zur Erreichung dieses Zieles anwendet, sind fromm und heilig; das bestätigt der Stellvertreter Christi auf Erden. So seien alle unsere Gedanken und Pläne auf dasselbe Ziel hin ausgerichtet. Wir dürfen nicht meinen, eines von den Mitteln, die in unseren Konstitutionen aufgezählt werden, sei zu vernachlässigen; folglich wird es passieren, dass unsere Handlungen und unser gesamtes Leben der Frömmigkeit und Heiligkeit angeglichen werden.

3. Außerdem ziemt es sich, dass wir zu unserem erhabenen Dienst in bereitwilligster Ergebenheit und sorgfältiger Beflissenheit gegenüber dem Römischen Apostolischen Stuhl uneingeschränkt bereit seien; dazu verpflichtet uns einmal die Autorität, die dem Institut von Christus übertragen wurde, dann der besondere Sinn-Grund unseres Institutes, schließlich erfordern es die zahlreichen und herausragenden Wohltaten, die uns durch es zugekommen sind. Wenn diese Früchte dank himmlischen Wohlwollens alle Unseren empfangen haben, sollen sie sich – das wünsche ich sehr – neuer Bereicherungen durch die göttliche Barmherzigkeit würdig machen.

4. Da der Hochwürdigste Papst Clemens XIII. dieses öffentliche und feierliche Zeichen seiner aufmerksamen Güte – von anderen gar nicht zu reden – gegeben hat, ist es angemessen, dass wir dieses überreiche Geschenk in möglichst deutlicher Dankbarkeit annehmen. So möge

euer Hochwürden diese meine Herzenswünsche in der ganzen Provinz veröffentlichen und es anordnen, dass die einzelnen Priester sechs Messen feiern und die Brüder ebenso viele Rosenkränze beten für diesen Papst; dass Gott uns und der gesamten Kirche diesen besten Hirten und Vater beschütze und ihm alle Vorzüge gewähre, und er in all seinen Plänen die Hilfe des Himmels empfange. Mich selbst möchte ich in die heiligen Opfer und Gebete empfehlen.

Verehrte Patres und liebe Fratres, euer aller Diener in Christo, Lorenzo Ricci

# BRIEF VON M. R. P. LORENZO RICCI SJ AN DIE PROVINZIALE DER GESELLSCHAFT JESU (Rom, 17. Juni 1769)

*Ein neuer Ansporn zu Gebet angesichts überaus großer Gefahren für die Gesellschaft*

1. In früheren Jahren, als wir überall von äußerst schwerem Missgeschick bedrückt wurden, bin ich meinen Amtsgeschäften nachgekommen; wenngleich ich, der vom Schmerz aller überschüttet wurde, jemanden besonders nötig hätte, der mich in der Bitterkeit meiner Seele tröstete und dazu aufrichtete, so viele Widerwärtigkeiten zu ertragen, habe ich nicht davon abgelassen zu fragen, mit welchen Motiven ich euch zu Geduld ermahnen könnte, in unserer Bedürftigkeit Hilfe von Gott, unserem Herrn, durch Jesus Christus und seine heiligste Mutter zu erwarten, die ich als vorzüglichste Advokaten, bei Gott für uns einzutreten, ausersehen habe. Weder meine Sorge noch eure Gebete entbehrten keineswegs der gewünschten Frucht. Standhaftigkeit und Seelenstärke wurden durch keine unliebsamen Vorkommnisse gebrochen, durch Rückschläge geschwächt; unsere aus der Heimat vertriebenen Brüder, zu Wasser und zu Land gebeutelt, haben so viele schwere Schicksalsschläge zu größter Bewunderung aller nicht bloß geduldig, sondern heiter, fröhlichen Gemüts wie einst die Apostel getragen. Das alles zeigt deutlich, auf welche Prinzipien sie sich in so großen Härten gestützt haben, was sie aufgerichtet hat und dass Gott auf

ganz besondere Weise dagewesen ist, jene in der Geduld zu stärken. Gott hat es allerdings nicht gefallen, uns aus unserer Bedrängnis herauszuholen, sei es, weil wir noch nicht vollkommen befreit sind von diesen Schulden, denen der Grund unserer üblen Lage demütig und aufrichtig von uns zuzuweisen ist, oder sei es, weil er, durch unsere Geduld erfreut, unseren Trost auf eine andere günstigere Zeit verschoben hat.

2. Was letzten Endes der Grund gewesen sein mag, ist nicht zu neugierig zu erfragen, weil es nutzlos wäre zu wissen, warum der Herr unseren Wünschen nicht in allem nachgekommen ist; seine Bande sind mit Gleichmut zu ertragen (vgl. Sir 2); es gilt, die Zeit seines Erbarmens in Geduld und Hoffnung abzuwarten. In Geduld wollen wir also warten, ob wir es wohl je erdacht haben werden, welche Missstände uns zugedacht werden entsprechend dem überaus gerechten Willen und Plan Gottes, unseres liebenswürdigsten Vaters, der alles zu unserem Nutzen und zu seiner Ehre leitet. In Hoffnung wollen wir also warten. Ob wir je ganz ungewöhnlich zu denken vermögen, der liebenswürdigste Vater habe seine auf ihn hoffenden Söhne im Stich gelassen und Bittende zurückgewiesen? Auf solche Hoffnung bauend wollen wir nicht aufhören, zum Herrn zu rufen. Irgendwann wird er unsere Gebete erhören, wenn wir weiter zu denen gehören, die in Fasten und Gebet verharren. Das ist umso eifriger zu verrichten, weil zu den vergangenen, andauernd heftigen Missgeschicken neue und schwerere hinzukommen und noch grimmigere Gefahren drohen: nicht mehr bloß Teile der Gesellschaft, son-

dern bekanntlich die ganze wird in jüngster Zeit heftig angegriffen. *Wie ein Rauchopfer steige mein Gebet vor dir auf* (Ps 141,2): nämlich aus einem von schmerzzerknirschtem und vom Feuer der Liebe entzündeten Herzen, damit unsere Gebete angesichts der Größe der Gefahren und entsprechend der Zuwendung eines jeden zu der gemeinsamen, in Not geratenen Mutter seien.

3. Und da alle Gebetsübungen, die sonst von mir vorgeschrieben wurden und denen man sich widmen soll, bis sich der Herr unser erbarmt, zu einigen Verpflichtungen, die zu gewissen Zeiten der seligsten Jungfrau und dem heiligsten Herzen Jesu gelten, hinzukommen, möchte ich euch, wenn ihr euch dazu begebt, in voller Aufmerksamkeit und mit einer gewissen sicheren Hoffnung und dem Vertrauen, das zu erlangen, was ihr erbittet, hinzutreten sehen. Zu gesammeltem Einsatz der Seele ruft die Gegenwart gewaltiger Gefahr auf; Zuversicht wird gewonnen, wenn wir die Schirmherrschaft der Jungfrau anflehen, wenn wir sie sowohl als Muttergottes als auch als unsere Mutter gelten lassen: Denn was Gottes Mutter zu sein bedeutet, kommt heraus, wenn sie vor ihren Sohn hintritt als die, die am meisten erreicht; was aber unsere Mutter sei, das zeigt sich darin, dass sie gar nicht anders kann, als sich von unserem Missgeschick berühren und bewegen zu lassen. Wenn wir beim täglichen Besuch des heiligsten Sakramentes und am Fest des heiligsten Herzens Jesu uns zum Gebet begeben, möchte ich, um in euch die Hoffnung anzuregen und zu mehren, euch an dessen unendliche Liebe zu uns und vor allem an die Worte erinnern, mit denen er, als er bei uns lebte, uns

gewissermaßen sein liebenswürdigstes Herz zeigend, alle Mühseligen und Beladenen freundlich einlud, dass sie bei ihm, gleichsam in einer Schutzhütte, Zuflucht suchten, um Linderung in ihrer Bedrängnis zu finden: *Kommt alle zu mir, die ihr euch plagt und schwere Lasten zu tragen habt. Ich werde euch Ruhe verschaffen* (Mt 11,28). Diese seine Verheißungen und unser Missgeschick, von dem wir erdrückt werden, wollen wir zu ihm hintragen: Unmöglich kann das Herz Jesu, von sich aus schon zum Erbarmen geneigt, sich davon nicht berühren lassen. Wenn aber, wie es manchmal passiert, um unseren Glauben zu erproben, er gleich einem Schlafenden mit tauben Ohren unsere Gebete aufzunehmen scheint, dann lassen wir doch den Mut nicht sinken, sondern rufen wir lauter, indem wir vertrauensvoll diese Worte des Psalms verwenden: *Wach auf! Warum schläfst du, Herr? Erwache, verstoß nicht für immer!* (Ps 44,24). Oder was haben die Apostel eingesetzt, als sie nach einem plötzlich entstandenen Sturm heftig bedrängt wurden: *Herr, rette uns, wir gehen zugrunde!* (Mt 8,25). Auf dieses Wort hin erhebt sich Jesus, der im selben Schiff unterwegs war und schlief, fuhr den Wind und die stürmischen Wasser an; *und es trat völlig Stille ein* (Mt 8,26). Doch davor soll man sich besonders hüten, damit die Furcht nicht zu sehr unsere Hoffnung zuschütte und schwäche; werden wir selbst nicht wie damals die Apostel bedroht: *Warum habt ihr solche Angst, ihr Kleingläubigen?* (Mt 8,26). Es ist so, nichts schmälert die Macht unserer Gebete mehr als unser mäßiger Glaube, der wie eine Wolke sich dazwischen schiebt und unsere Gebete im Ankommen behindert.

4. Zu diesen von mir angeordneten Übungen der Frömmigkeit, die mit voller Aufmerksamkeit weiterhin zu verrichten sind, möchte ich dieses Jahr eine andere hinzufügen; dass alle vor dem Fest unseres Heiligen Vaters Ignatius für eine Novene zusammenkommen, um wenigstens täglich eine halbe Stunde zu beten. In dieser Zeit bitten wir alle zu Füßen unseres besten Vaters in innigen Gebeten, dass er selbst seine Söhne und die Gesellschaft, die er ins Leben gerufen hat, um die Kämpfe des Herrn zu kämpfen und dessen Ehre zu fördern, Gott zum Schutz vorstelle. Damit aber unsere Gebete wirkmächtig werden, sollen ihnen diese Übungen der Tugenden und vor allem der Abtötung hinzugefügt werden, die entsprechend dem Eifer eines jeden und dem Urteil des Oberen besonders günstig erscheinen. Um dessen Interesse an uns in einem höheren Maß zu erreichen, möchte ich, dass ein jeder in diesen neun Tagen sich ernsthaft Mühe gebe und ehrlichen Herzens sich Gedanken mache zur Verbesserung seiner Lebensweise entsprechend dem Beispiel und den Dokumenten, die uns jener hinterlassen hat, sodass unser Heiliger Vater dank unserer Nachfolge sich in uns selbst ausgedrückt finde und wiedererkenne. Eine Erneuerung dieser Art wird als eine zwar schweigende, aber nicht weniger deutliche und insbesondere überzeugende Verteidigung, die von uns eingesetzt werden kann, helfen. Zurzeit sind wir *zum Schauspiel geworden für die Welt, für Engel und Menschen* (1 Kor 4,9). Alle haben ihre Augen auf uns gerichtet, alle betrachten uns aufmerksam: die Freunde, dass sie aus unseren Leben, das nach der

Richtschnur von Regeln verläuft, das stärkste Argument unserer Verteidigung schöpfen; die Widersacher jedoch, dass sie das, was sie an uns tadeln und weshalb sie sich von uns abgewandt haben, finden. Daher bitte ich alle sehr innig mit den Worten des Apostels, dass ihr euch Mühe gebt, damit ihr ehrenhaft vor denen wandelt, die draußen sind (vgl. 1 Thess 4). Seien wir nicht zufrieden mit jener inwendigen Tugend, die uns den Augen Gottes gefällig macht; lasst uns darüber hinaus sorgen, dass sie aufleuchte und auch vor den Augen der Menschen deutlich werde; so sehr, dass jene, die prüfendend auf uns schauen, in der maßvollen und bescheidenen Weise des Handelns, des Umgangs, des Sprechens uns als solche finden, die Jesus Christus angezogen haben, so wie es beim Apostel zu lesen ist; dass jene, die uns feindselig fern stehen, gezwungenermaßen unsere Werke anerkennen: *so wird der Gegner beschämt und kann nichts Schlechtes über uns sagen* (Tit 2,8). Das empfehle ich euch wärmstens und erwarte es von allen entsprechend der zärtlichen Liebe, mit der ihr der Gesellschaft zugetan seid, die ihrem Wunsch gemäß eher durch die Heiligkeit unseres Lebens als durch unser Reden zu verteidigen ist; euer Hochwürden bitte ich, das den Niederlassungen der Provinz, die ihnen anvertraut sind, bekannt zu machen, deren heiligen Opfern ich mich inständig empfehle. –

Euer aller Diener in Christo, Lorenzo Ricci

# BRIEF VON M. R. P. LORENZO RICCI SJ AN DIE PROVINZIALE DER GESELLSCHAFT JESU (Rom, 21. Februar 1773)

*Erneute Aufforderung zum Gebet in einem Moment höchster Gefährdung der Gesellschaft*

1. Der heilige Prophet David ermahnt, dass wir in unseren Nöten die Augen ständig auf Gott gerichtet halten, bis dieser, von Erbarmen gerührt, uns zu Hilfe komme: *So schauen unsre Augen auf den Herrn, unsern Gott, bis er uns gnädig ist* (Ps 123,2). Im Herrn geliebte Patres und Fratres, ich traue euch zu, im Gebet zu verharren, was ich von euch andernorts angesichts eurer Liebe zu der seit Langem bedrängten Gesellschaft schon erbeten habe. Sollte aber eure Liebe zum Orden keinen Ansporn brauchen, durch den ihr von neuem zur Verrichtung von Gebeten gedrängt werdet, verlangt doch mein Schmerz, dass ich in dieser Sache mit einer neuen Ermutigung vor euch hintrete.

2. Beschämt sehe ich, dass der Herr sich noch nicht gewürdigt hat, seine Hand zu unserer Unterstützung auszustrecken. So viele Zeichen der Liebe und des Erbarmens an uns wirkt er; wir erfahren seine Gegenwart und seinen besonderen und oft zu bewundernden Schutz in vielfacher Weise; nichtsdestoweniger lässt er unsere Nöte ungezügelt. Ich bete seine manchmal unverständlichen Entscheide an; den Grund der Nöte rechne ich unserer, nicht zuletzt meiner Schuld zu und lege ihm das ehrliche Geständnis ab: *Denn wir haben gesündigt ... Alles, was du*

*uns geschickt hast, alles, was du uns getan hast, das hast du nach deiner gerechten Entscheidung getan* (Dan 3,29.31). Wird etwa deswegen unser Gott, dessen Natur die Güte ist, sich nicht mehr daran erinnern, Barmherzigkeit üben zu sollen? *Hat Gott seine Gnade vergessen, im Zorn sein Erbarmen verschlossen?* (Ps 77,10). Wir haben es ja erfahren, dass er, selbst wenn er zürnt, sich seiner außerordentlichen Barmherzigkeit erinnert. Wir wissen, dass seine Barmherzigkeit viel weiter reicht als die Wirkungen der Gerechtigkeit und seiner anderen Eigenschaften. Daher bitte ich ihn, und ihr sollt zugleich mit mir bitten, dass er sich unserer Gebrechlichkeit und Schwäche annehme und seinem Anteil nehmenden Erbarmen sich zuwende; wollte jedoch seine Gerechtigkeit unsere Sünden im Blick behalten, lasst uns bitten, dass er auf seinen Sohn Jesus schaue, der alles auf sich genommen hat und in überreichem Maß für uns so viel an Genugtuung geleistet hat; beten wir schließlich, dass wir jenes zerknirschte und gedemütigte Herz geschenkt bekommen, das er nicht übersieht noch von sich zu weisen pflegt. So dürfen also unsere Sünden nicht Hindernis sein, dass wir unerschütterlich darauf vertrauen, Gott werde seinem heiligen Namen Ehre erweisen, indem er an uns entsprechend den Vorlieben seiner unendlichen Barmherzigkeit handelt. Auf keinen Fall dürfen diese Zeiten, die uns schrecken, unser Vertrauen schwächen; ja, wenn wir die Dinge genau betrachten, sollte es gestärkt werden. Wir sind völlig verlassen und jeder menschlichen Hilfe beraubt; Gott behält also sich selbst die Sorge, die er für uns aufwendet, vor und will es, dass wir von niemanden unsere Hilfe erwarten, es sei denn von ihm. So gesehen, handelt er an uns überaus liebenswürdig; uns lehrt er, dass wir nicht auf Menschen vertrauen sollen, noch duldet er es, dass wir unsere Hoffnung auf anderes setzen oder auf andere als auf ihn die schon empfangenen Wohltaten beziehen. Aus diesem Grunde wird der Triumph seines Erbarmens größer sein, da es stärker und deutlicher hervortritt. Wir aber, was sollen wir fürchten, wenn Gott selbst unser Schild und Schutz ist? Dass Menschen uns im Stich lassen, wird zu unserem Vorteil: Gott will, dass er sich als Vater der Waisen und Schirmherr der Verlassenen erweise. Mit solch aufrichtigen und kraftvollen Regungen der Demut und des Zutrauens erheben wir Hände und Augen zum Himmel, wo jener Gott wohnt, der in der Not als trefflicher Helfer, der Abhilfe und Erleichterung schafft, angerufen und schließlich verherrlicht wird.

3. Das Gebet muss glühend sein. Der heilige David wiederholt oft in seinen Psalmen, in denen eine praktische Anleitung für das richtige Beten enthalten ist, sich aus dem Abgrund der eigenen Drangsal und Not an Gott zu wenden, nicht mit verhaltener Stimme, sondern mit Schreien und Rufen: *Aus der Tiefe rufe ich, Herr, zu dir* (Ps 130,1). *Ich rief zum Herrn in meiner Not* (Ps 120,1); an anderen ähnlichen Stellen wendet er dieselbe Form des Sprechens an. Glühende, unüberhörbare Rufe dieser Art kennzeichnen die Anstrengung, mit der es zu beten gilt; diese muss in ihrer Stärke der erlittenen Drangsal entsprechen; ebenso stark und stürmisch sein wie die Sehnsucht, befreit zu werden. Nicht aus die-

sem Grunde lege ich euch dar, welche und wie große Nöte die Gesellschaft erleidet; alle wissen es, dass die gegenwärtigen Schäden gewaltig sind, die Furcht vor der Zukunft mächtig ist. Ihr verlangt für sie, der ihr in großer Liebe ergeben seid, stürmisch, dass sie von diesen Übeln befreit werde. Und mit Recht: Sie hat euch die Wege des Heiles gelehrt; keine größere Wohltat als diese und nichts, woran euch mehr gelegen ist, kann es geben.

4. Übrigens sollen unsere Gebete im Namen Jesu Christi verrichtet werden. Denn das müssen sie auch an sich haben, damit sie wirksam sein können und geeignet sind, das Herz des Vaters zu gewinnen, wie Jesus selbst es beteuert hat: *Was ihr vom Vater erbitten werdet, das wird er euch in meinem Namen geben* (Joh 16,23). Da darf doch niemand daran zweifeln, dass unsere Gebete im Namen Jesu Christi geschehen sollen! Im Namen Jesu bitten bedeutet nach Augustinus, das zu erbitten, was dem ewigen Heil förderlich ist und dazu hinführt. Bitten wir denn um etwas anderes, wenn wir für den Erhalt der Gesellschaft und für unseren Verbleib in der Gesellschaft an Gott Bitten richten? Wir bitten den Herrn, dass er uns in dieser Berufung ausharren lasse, durch die wir von ihm zu diesem gottgefälligen, heiligen, löblichen und in höchstem Maße Frucht bringenden Institut und zur Förderung der Ehre Gottes und des Heils der Seelen gerufen worden sind, so wie es bislang die Kirche und die Stellvertreter Gottes erklärt haben; wir bitten darum, dass es uns gewährt werde, das treulich einzulösen, was wir Gott versprochen haben, als

wir die Ordensgelübde ablegten; unser Leben jenen Gesetzen anzupassen, die uns jener heiligste Vater vorschrieb, der für das Heil der Seelen entbrannt war und für ihre Führung mit Licht von oben, von Gott her erleuchtet war; ich spreche von Gesetzen, die aus Vorschriften der göttlichen Weisheit geschöpft und aus dem heiligen Evangelium abgeschrieben wurden, was für den aufmerksamen Betrachter deutlich zu ersehen ist; schließlich bitten wir, dass wir den Spuren vieler, die feierlich den Heiligen zugezählt werden, und so vieler anderer an Heiligkeit herausragender Menschen folgen können; sie haben die Beobachtung jener Gesetze für sich bis zur Spitze höchster Vollkommenheit getrieben, einen Haufen Verdienste gesammelt und sind eines einzigartigen Glücks in der Glorie des Himmel sicher geworden. Durch diese Erwägung also, dass unsere Bitten in Wahrheit und eigentlich im Namen Jesu zu geschehen haben, treten wir da nicht in die ganz große Hoffnung ein und lassen uns daran erinnern, dass nichts nicht gewährt werden wird, wenn wir in Seinem Namen darum bitten?

5. Außer diesen inneren Voraussetzungen für das Gebet helfen andere äußere sehr, es zu stützen und dessen Wirksamkeit zu verstärken. Welche Wirkmacht wächst unserem Gebet doch zu, wenn wir es in der Unschuld eines tadellosen Lebens und mit vielen Akten heiliger Tugenden begleiten! Wohlwollender werden die flehentlichen Bittgesuche von Menschen, die den Fürsten sehr willkommen sind, angenommen und behandelt; Gebete, die Gott von unschuldigen und heiligen Seelen,

die ihm aufs Höchste willkommen sind, dargebracht werden, erzielen auch große Wohltaten; derart, dass zu ihrem Wohl bisweilen die Gesetze der Natur angehalten und Wunder gewährt werden. Je mehr wir also in der Freundschaft mit Gott Fortschritte machen, umso mehr Wirksamkeit und Gewicht erwirken wir für unsere Gebete; die Engel reichen sie viel lieber zu Gottes Thron weiter; und die Heiligen, die wir uns als Patrone erkoren haben und denen wir verbunden sind, werden mit größerem Eifer ihre Bitten den unseren hinzufügen, vor allem der heilige Ignatius und so viele andere Menschen aus der Gesellschaft, die im Himmel ein seliges Leben verbringen und nun jenes Institut vorzüglich lieben, das sie selbst dahin geführt hat; sie werden sich mit weit größerer Beflissenheit um eine günstige Antwort auf die Gebete derer kümmern, die zum selben Institut besonders treu stehen.

6. Liebe Patres und Fratres, belebt also eure Gebete, indem ihr ihnen in jeglicher Übung der Frömmigkeit sorgfältig und mit Eifer obliegt, in gegenseitiger Liebe untereinander, in Gehorsam und Botmäßigkeit gegenüber jenen, die für euch an Gottes Stelle stehen, im Ertragen der Arbeiten, der Mühsal, der Armut, von Widrigem, in Geduld und evangelischer Schlichtheit des Handelns, in Werken guten Beispiels und in erbaulichen Gesprächen. Wir bitten Gott um die Bewahrung der Gesellschaft, die in diesem Geist errichtet worden ist. Sollte es gelingen, ihr diesen Geist zu rauben, was Gott verhüten möge, nichts würde mehr passend sein als ihr Ende, weil sie sich nutzlos erwiese für dieses Ziel, zu

dem sie gegründet wurde. Wer diesen Geist in sich zu erwecken vernachlässigte und noch mehr, wer ihn in anderen auslöschen möchte, indem er den gegenteiligen Geist der Unbotmäßigkeit, der Zwiespalt, des Eigensinns, der Tollkühnheit einführte, würde zum Untergang der Gesellschaft beitragen, zum größten Schaden für Gottes Ehre, für das Heil der Seelen und das eigene Geschick. Gott möge es verhüten, dass auch nur einer von denen unter euch weile.

7. Liebe Patres und Fratres, das ist meine Bitte und der einzige Grund, der mich bewogen hat, euch diesen Brief zu schreiben. Im Namen des gesamten Ordens bitte ich euch um die Gebete für diesen Orden selbst und für euch in dieser Sache, die euch überaus teuer ist, einer Sache, für die ihr größtes Interesse habt, und um nichts als dieses sollt ihr euch mehr kümmern. Ich habe nicht vor, neue Gebete anzuordnen; doch empfehle ich, dass diese fortgeführt werden, die ich schon bei anderen Gelegenheiten vorgeschrieben habe, vor allem den täglichen Besuch des heiligsten Sakramentes, den ich in der Gesellschaft dauerhaft erhalten sehen möchte. Außerordentliche Gebete, nach denen die gegenwärtigen Engpässe der Verhältnisse verlangen, überlasse ich dem Urteil eines jeden und der Liebe, mit der ein jeder die Gesellschaft umfängt. Von den Oberen können sie auf Zeit vorgeschrieben werden. So bleibt noch, mich euren Hl. Opfern und Gebeten zu empfehlen.

Verehrte Patres und liebe Fratres, euer aller Diener in Christo, Lorenzo Ricci

BRIEF VON N. R. P. JAN ROOTHAAN SJ
AN DIE PATRES UND BRÜDER DER
GESELLSCHAFT JESU *(Rom, 24. Juli 1831)*

## *Von Drangsal und Verfolgungen*

1. Wenngleich ich keineswegs bezweifle, in Christus geliebte Patres und Fratres, dass alle, wie viele immer sich
dessen erfreuen, der Gesellschaft Jesu und des heiligen
Ignatius Söhne zu sein, ihrer Gesinnung nach darauf
eingestellt sind, dass sie nicht nur den Verpflichtungen
ihrer Berufung eifrig nachgehen und die damit verbun-
denen Mühen auf sich nehmen, sondern auch alles,
was an Widerwärtigem damit gegeben ist, zu ertragen
bereit sind, ja das unter dem Antrieb der göttlichen
Gnade gewöhnlich auch ersehnen und freudig auf sich
nehmen. Doch die Zeiten, in denen wir leben, scheinen das auch von mir zu verlangen, dass ich es nicht
unterlasse, in dem mir möglichen Maß die Beherzten zu
stärken und jene unter euch, die vielleicht schwächeln,
zu ermutigen, schließlich alle mit den Worten des Herrn
zu trösten. Was unser Heiliger Vater von den ersten
Anfängen der Gesellschaft dank Gottes Eingebung
verstanden zu haben scheint, als der Herr – *ja, er war
am Kreuz* – versprochen hatte, er werde ihm und den
Gefährten gnädig sein; und was uns überliefert ist, eben
dieser unser Vater habe danach das von der Gesellschaft
erwartet und von der göttlichen Güte inständig erfleht,
dass Verfolgungen nie fehlen; was dieser Familie immer
und überall nicht in geringem Maß zuteil geworden ist,

erfährt sie in unserer Zeit heftig und reichlich. Gewiss, ich weiß nicht genau, ob je zuvor an so vielen Orten zur selben Zeit so allgemeiner Neid und Hass irgendwelcher Gruppierungen von Missgünstigen gegen sie aufgetreten sind und ihren Namen beschmutzt haben – diese dichte Halde von Schmähungen, Beschimpfungen, Quälereien, Beraubungen, Vertreibungen und vieles dergleichen, was von Menschen als Bosheiten bezeichnet wird, sind ja herausragende Geschenke Gottes. Viel davon haben an verschiedenen Orten ein und desselben Jahres die meisten von uns – sollt ihr nicht verkennen – erfahren, und ob es das Ende sein wird, ob nicht anderswo Ähnliches den Unseren einmal blüht, wer sollte nicht diese Frage stellen dürfen. Daher habe ich beschlossen, das, was ich persönlich nicht vorbringen kann, in einem Brief euch vorzutragen und mich ermahnen zu lassen, dass ich, soweit ich es vermag, euch in diesen Zeiten darauf aufmerksam mache, dem zuzustimmen, was sowohl unserem Namen als auch unserer Berufung entspricht.

2. Vor allem verdient die Sache höchstes Lob, und ich sehe nicht, ob etwas anderes uns mehr dazu antreiben kann, unsere Berufung aufs Engste und aus ganzem Herzen zu umfangen und für sie der göttlichen Majestät Dank zu sagen, als gerade diese Erwägung anzuspornen vermag. Jene höchste Güte hat uns, vielleicht ohne unser Wissen, was mit uns geschehen würde, in diese Gesellschaft geführt, die es verdient hat, diesen großen Anteil an jenem vorzüglichen Los zu haben, das Christus sich gewürdigt hat, selig zu nennen. *Selig seid ihr, wenn ihr um meinetwillen beschimpft und verfolgt und auf alle*

*mögliche Weise verleumdet werdet* (Mt 5,11). Und wiederum *Selig seid ihr, wenn euch die Menschen hassen und aus ihrer Gemeinschaft ausschließen, wenn sie euch beschimpfen und euch in Verruf bringen um des Menschensohnes willen* (Lk 6,22). In Christus geliebte Patres und Fratres, wir sehen, dass jene Worte des Herrn in dieser unserer Familie nicht ohne großen Seelentrost sich erfüllen. In der Tat schmähen und verfolgen uns Menschen und, was der Inbegriff und wuchernde Wurzel aller Quälereien ist, sie sagen uns jegliches Übel nach und führen Lügenreden. Gott und unser Gewissen haben wir zu Zeugen, dass wir nicht dieses Leben vertreten, das allen Freveln frönt, die sie uns unaufhörlich nachsagen und derentwegen wir keine Menschen, sondern irgendwelche menschliche Monstren und Scheusale, Versager, eine Seuche des öffentlichen Lebens seien; das reden sie vielen ein. Sie scheiden uns aus und halten uns für solche, die sie von «recht und billig» ausschließen, denen diese Freiheit, die sie dem übrigen Menschengeschlecht vollmundig anpreisen, und der Schutz der Gesetze abzusprechen sei, als wären wir Übeltäter, die ganz und gar ohne Überprüfung des Grundes auszuschalten und zu verdammen seien; selbst unseren Namen erklären sie einzig wegen des Menschensohnes als Übel, der uns in die Gemeinschaft seines Namens zu rufen gewürdigt hat. Gerade diesem heiligsten Namen haben sie den Krieg angesagt, dieser Name ist ihnen verhasst, was sie in Worten und Taten zeigen, während sie unseren Namen gar allen, die sich an den Glauben und die Frömmigkeit halten, geben, und was sie an Hass gegen uns verbreiten, ebenso gegen den

Stellvertreter Christi und gegen seine heilige Kirche; alles, was irgendwo nach Tugend, Reinheit, Frömmigkeit riecht, verfolgen sie, die unwidersprochenen Hasser des gesamten Ordens.

3. Dass wir also von der Welt, die unserem Herrn Jesus schon vor uns Hass entgegenbrachte, für solche gehalten werden und dass wir zu einem so vornehmen Teil der Schmähungen und Ungerechtigkeiten des Kreuzes Christi gerufen werden, ist in der Tat das, wofür ihr zu beglückwünschen seid, liebe Patres und Fratres, und ich gestehe, dass ich dessen ohne tiefe Beschämung des Herzens nicht eingedenk sein kann. Und wer bin ich, Herr, dass du es gewollt hast, mich an solch großer – das sollte unsere Grundeinstellung sein – in Christus geliebter Ehre teilhaben zu lassen? Und wie kommt es, dass du mich dieses Loses deiner liebsten und treuesten Diener würdigen willst? Gewiss würde der Apostel die göttliche Wohltat bei jenen hervorheben, die *nicht nur an ihn ... glauben, sondern auch seinetwegen ... leiden* (Phil 1,29). Und Petrus ermahnt jenen, der für den Namen Christi Schmähungen erträgt und *Gott verherrlicht, indem er sich zu diesem Namen bekennt* (1 Petr 4,16); *denn*, so sagte er auch, *der Geist der Herrlichkeit, der Geist Gottes ruht auf euch* (ebd. 4,14). Wer das Gewicht dieser Worte aufmerksam erwägt, wird spüren, dass selbst in den Himmeln kaum etwas Größeres gefunden werden kann, wenn man einzig die Annehmlichkeit reinster Freude ausnehmen wollte. Wie sehr Gott es nicht wollte, dass seine starken Athleten das entbehren, rät Paulus: *seid fröhlich in der Hoffnung!* (Röm 12,12); es heißt ja: *Freut euch und jubelt: Euer Lohn im*

*Himmel wird groß sein* (Mt 5,12): den besonders Eifrigen ist es gestattet, bei aller Mühsal des Kreuzes die schon jetzt bereit gestellten Freuden zu genießen, wie jenem, der sagt: *Trotz all unserer Not bin ich von Trost erfüllt und ströme über von Freude* (2 Kor 7,4).

4. Patres und Fratres, eine Einstellung, die eines Gefährten Jesu, eines Sohnes des Ignatius würdig ist, ist die: *seid voll Freude, meine Brüder, wenn ihr in mancherlei Versuchungen geratet* (Jak 1,2). Es sei völlig undenkbar, dass irgendeinem von uns seine Berufung zur Gesellschaft zwar als Wohltat, aber nicht als besonders große vorkomme, wenn sie als aufgerichtetes Zeichen erscheine, dem widersprochen wird; es ist, als sollten wir es lernen, sie um dieses Namens willen höher zu schätzen und das Geschenk Gottes umso herrlicher einzustufen und eifriger zu bewahren. Es sollte bittere Tränen kosten, was bei einigen wenigen der Fall ist, die wir bedauern, sei es, weil sie den heftigen Wind bemerken und Angst bekommen (vgl. Mt 14,30), sei es, weil einige andere nicht genug in Gott verankert, nicht hinlänglich *in der Liebe verwurzelt und auf sie gegründet* (Eph 3,17) sind, durch den Sturm von uns weggeschwemmt werden, eben wie jene, die die Hand an den Pflug gelegt und zurückgeschaut haben. Es sei aber jedem von uns fern, so etwas zu tadeln, vielmehr sollen wir die Schmälerung unserer Herrlichkeit auf uns nehmen, wie der heilige Bernhard mit gutem Recht gesagt hat: *Ich möchte ein gutes Leben führen, viel Gutes tun und viel Böses ertragen und so bis zum Tod aushalten.*

5. Doch diese Unbeständigkeit und der bedauerliche

Zusammenbruch einiger, woran ich eben erinnerte, legt eine andere Einstellung nahe, die angesichts dessen, was wir erleben, uns alle beunruhigen soll; das wünsche ich inständig: dass wir wegen der Bedeutsamkeit des Gegenstandes freudig und aufrecht eine zugleich echte und tiefe Demut mit heiliger Besorgnis verbinden. Es kann neben unserer Berufung sehr bevorzugte Gründe geben, nämlich die der Tugend, der Religion, Christi selbst, derentwegen etwas zu erleiden ist; da kann und soll uns der hilfreiche Gedanke kommen, es könne auch so geschehen, dass die Welt, wenn sie uns mit Hass belegt, auch Gott selbst mit dem genau gleichen Hass verfolgt; es sei möglich, sage ich, dass Gott die Welt ermächtigt, uns zur Strafe für unsere Schulden, ja Schulden, nicht bloß der allgemeinen, sondern vielleicht gerade wegen einiger Schulden, die, wenngleich sie den Augen der Menschen nicht so schwerwiegend erscheinen, es in jenen reinen und sonnenklaren Augen Gottes doch sind, dass alles das, was wir erleiden und noch Größeres zu erleiden wir verdienen; was also, liebe Patres und Fratres, möchten wir uns so anempfohlen sein lassen, dass wir uns selber gefallen können, dass wir so sind, wie der Grund unserer Berufung es von uns erwartet? Ist vielleicht einer unter uns, dem es scheint, er habe genug getan, wenn er, zufrieden mit einem gewissen Mittelmaß an Tugend, lebt, was gewiss, wie auch unser Heiliger Vater Ignatius sagte, etwas Gutes wäre, das im täglichen Leben nicht zu unterschätzen ist, aber für uns hat es natürlich wenig oder keinen Wert, gemessen an dem, was unser Orden, unsere Regel, unser Wahlspruch *zur größeren Ehre*

*Gottes* und der großartige Name *Gesellschaft Jesu*, den wir führen, und schließlich die so zahlreichen und großen Wohltaten Gottes und die Lauterkeit unserer Absichten von uns erwarten? Wie deutlich müsste in uns allen die Lauterkeit und Ausrichtung der Absicht sein, frage ich. Wie groß sollte die Vertrautheit und Verbindung mit Gott im Gebet und im Handeln sein? Wie groß sollte in einem jeden von uns die Geringachtung des eigenen Namens, der Einschätzung und jeglichen Ansehens in dieser Welt sein? Wie groß die Geringachtung eigener Vorteile? Welches Verlangen nach Mühen und Ertragen um Christi willen? Welche Bereitwilligkeit zu vollkommenem Gehorsam? Wieviel an Zurücksetzung des eigenen Urteils und des eigenen Willens? Welche Reinheit apostolischen und engelgleichen Lebens, welcher Abstand zu leichterem Versagen? Welch große Einheit und Übereinstimmung unter uns in der Liebe? Wieviel Einsatz für das Heil der Nächsten, wie viel Beflissenheit? Welch große Sorge, der eigenen Berufung zu entsprechen und dem eigenen Aufgabenbereich gerecht zu werden, nicht entsprechend dem Gutdünken jedes einzelnen, sondern diesen Gesetzen folgend, die unsere Vorfahren in weiser Art hinterlassen haben, mit denen jeder Orden Bestand hat und blüht und einen reicheren göttlichen Einfluss verdient? Im Blick auf mich sage ich, genau von dieser Furcht getrieben zu werden, dass vielleicht wegen der Nachlässigkeit einiger, vielleicht weniger im Erwerb verlässlicher Tugend der Herr sehe, dass seine Gesellschaft nicht nur der Erprobung, sondern gerade der Reinigung bedarf; tatsächlich fürchte ich, dass der

Herr selbst, da der Satan verlangt hat, *dass er euch wie Weizen sieben darf* (Lk 22,31), beschlossen hat, seine Tenne zu reinigen (vgl. Lk 3,17). Gewiss, das sind Worte, die zu Recht jeden Erstarrten oder Schlafenden aufwecken und erschüttern: *Jede Rebe an mir, die keine Frucht bringt, schneidet er ab, und jede Rebe, die Frucht bringt, reinigt er, damit sie mehr Frucht bringt* (Joh 15,2).

6. Eine weitere Einstellung: Ich wünsche es sehr, dass unter uns aufgrund der vorhandenen Bedrängnisse oder einfach so gebührend darauf geachtet wird, wenn wir daran erinnert werden, uns *in Demut unter die mächtige Hand Gottes* (1 Petr 5,6) zu beugen. Liebe Patres und Fratres, in Wirklichkeit wird es nichts bringen, wenn wir uns selbst schmeicheln, uns selbst täuschen und es uns einreden, ganz leicht und einfach, preisgünstig, mühelos und locker Söhne des Ignatius und Gefährten Jesu sein zu können. Ich habe es schon gesagt, das Nützlichste ist nie der Sinn der Demut. *Denn groß ist die Macht Gottes und von den Demütigen wird er verherrlicht* (Sir 3,20). Sobald wir wirklich demütig sind, werden wir bei Gott Gnade finden, und bei ihm allein Gnade gefunden zu haben, ist genug, wenngleich das Ansehen bei den Menschen, indem es Fallstricke hat, vermindert wird oder auch ganz verloren geht. Daher erwägt sorgfältig das, worauf unsere Berufung ruht, das sollen wir von Gott in größtmöglicher Demut erbitten: *Herr, tu mir mein Ende kund und die Zahl meiner Tage! Lass mich erkennen, wie sehr ich vergänglich bin!* (Ps 39,5) Dass wir das Ziel, zu dem jeder Mensch nicht nur erschaffen und als Christ berufen ist, aber auch jenes Ziel, dessentwegen

jeder von uns als Ordensmann der Gesellschaft Jesu, als Priester auf seinen Platz berufen und bestellt ist, aufmerksam und mit vom himmlischen Licht erhellten Augen betrachten und sehen sollen, wieviel uns fehlt, und was an uns unvollkommen ist, wollen wir betrauern; lasst uns neue Impulse aufnehmen, beharrlicher zu sein und den Fußspuren unserer Väter und Jesu Christi, der unser Führer und lebendiges Beispiel ist, enger in Treue zu folgen. Ich denke, durch nichts mehr als durch diese eben genannte demütige Besorgtheit Gott gefallen zu können; ich vertraue auch, die Wucht der Verfolgungen werde schließlich zurückgehen und einknicken, sodass, wenn Gott unsere Wege gefallen werden, er auch – wie der Weise sagt – unsere Feinde zu Frieden bewegen wird (vgl. Spr 16,7); blinden Verstand erhelle er, Herzen berühre er, eines Tages mache er verbissene Gegner zu Menschen, die nach unserer Hilfe verlangen, wodurch wir ihnen nicht nur wie jetzt wünschend und betend Gutes tun, sondern auch durch unseren Dienst Gutes tun können. Wenn wir also so gesonnen sein werden, wie ich sagte, wird schließlich, gefügt vom Herrn, etwas passieren, wodurch wir die Wahrheit jenes von der Kirche gefeierten Satzes erfahren werden: *Keine Widrigkeiten werden uns schaden, es sei denn, eine Ungerechtigkeit beherrscht uns.*

7. Durch das, was ich zu der in Demut geübten Besorgnis gesagt habe, möchte ich, meine in Christus geliebten Patres und Fratres, nicht im mindesten eines jeden Zutrauen mindern, vielmehr möchte ich letztlich sehen und erwarte es auch, dass wir, je mehr Demut in uns lebt, umso größeres Vertrauen auf Gott fassen, und

es kraft der göttlichen Gnade und heiligen Gebetes in uns wachrufen und möglichst weitläufig begünstigen. Liebe Patres und Fratres, wenn unter euch welche sind, die vielleicht der künftige Ausgang aus Furcht umwirft, sage ich: *Warum habt ihr solche Angst, ihr Kleingläubigen?* (Mt 8,26). *Geschieht ein Unglück in der Stadt, ohne dass der Herr es bewirkt hat?* (Am 3,6). Oder wird das überhaupt schlimm sein, was der Herr tun wird? Wenn nicht alles das, was der Herr zulässt, nicht ununterbrochen gut sein muss, ist es dann nicht doch gewiss, *dass Gott bei denen, die ihn lieben, alles zum Guten führt* (Röm 8,28)? Und in der Tat, was kann schließlich uns passieren, wenn wir Gott wirklich liebten? Was wird das sein, was uns, wenn wir Gott liebten, schaden könnte? Was wird es geben, das nicht auch im höchsten Maß von Nutzen sein wird?

8. Und sollten wir insgesamt in die vielleicht schwierigsten Verhältnisse abstürzen, wohin fällt schließlich die Wildnis der ganzen Welt und auch der ganzen Unterwelt? Vielleicht fügt es gewaltsame Schläge zu, Kerker, Verwundungen, droht mit dem Tod? All das ist so schlimm, dass es Übleres, mag es noch so wüten, nicht gibt, was drüber hinaus zustoßen könnte. Von all diesen Dingen sagt der Herr doch: *Fürchtet euch nicht vor denen, die den Leib töten, die Seele aber nicht töten können, sondern fürchtet euch vor dem, der Seele und Leib ins Verderben der Hölle stürzen kann* (Mt 10,28). Ich meine so, liebe Patres und Brüder, und zweifle nicht daran, dass ihr euch dieser Meinung anschließt, dass es das höchste Gut ist, Blut und Leben für eine so gute Sache zu geben; und wenn wir so etwas befürchten sollten, weiß ich für meinen Teil nicht, was den Vorrang haben

soll, wo wir doch diese Gestalt anstreben sollen, deren wir ganz und gar unwürdig sind. Möchten wir doch ihrer würdig werden! Wenn doch wenigstens einige von uns eines zu ehrenden Loses gewürdigt würden! Wie viele aus unseren Reihen, apostolische Männer, frage ich, haben sich dank der Hoffnung auf dieses großartige Gut in ihren Einsätzen und Mühen aufrecht gehalten? Einzig dieses Ziel hatten sie gleichsam als Lohn vor Augen, das sie in jahrelangen Mühen und Schwierigkeiten angestrebt haben. Aber wenn ihr euch eines so großen Gutes unwürdig fühlt, bitte ich wenigstens, dass wir es nicht fürchten. Hier sollten wir vielmehr denken, dass der Herr diese überaus schweren Bedrohungen ankündigt: *Und ihr werdet um meines Namens willen von allen gehasst werden* (Lk 21,17) und seine Rede ganz unerwartet mit jenem so wunderbaren Satz geschlossen hat: *Und doch wird euch kein Haar gekrümmt werden* (ebd. 21,18). Das haben auch in diesen Zeiten einige von den Unseren in besonderer Weise erfahren und wurden mitten aus den Gefahren dank Gottes beschützender Vorsehung unversehrt herausgeholt.

9. Was sollen wir also fürchten? Vielleicht, dass wir, dessen beraubt, was bisher die göttliche Vorsehung zum Lebensunterhalt zur Verfügung gestellt hat, mit dem Mangel an Lebensnotwendigem nicht nur die geläufigen, sondern auch die notwendigen Dinge entbehren? Ach, würden wir dessen doch gewürdigt, einmal strammere Formen der heiligen Armut verkostet zu haben, während uns zurzeit ausreichend zur Verfügung steht und täglich von einem ansehnlichen Almosen unterhalten

wird! Wir würden natürlich jenen von unseren Patres ähnlicher werden, die in meinen Augen aufgrund der Tugenden, der himmlischen Gaben und der Verdienste bei Gott und den Menschen umso reicher geworden sind, je sparsamer in ihrer Lebensweise sie waren, da sie die Armut nicht nur als Einstellung vertraten, sondern sie wirklich auch erfahren haben, nicht selten auf Lebensnotwendiges verzichten mussten. In dieser Sache pflegen mich die Worte unseres Heiligen Vaters, die mich, sooft ich sie lese, sehr zu bewegen, traurig zu machen: *Denn wo die Ersten der Gesellschaft, sagt er, diese Nöte und noch größere körperliche Entbehrungen erfahren haben, müssen auch die anderen, die zu ihr hinzukämen, sich darum mühen, soweit sie könnten, dorthin zu gelangen, wohin die Ersten gelangt sind, oder noch weiter in unserem Herrn* (Examen generale, c. IV, n. 26, in: Satzungen der Gesellschaft Jesu und Ergänzende Normen, München 1997, 81). Übrigens ist es hilfreich, sich daran zu erinnern, was der Evangelist Lukas vom Herrn Jesus berichtet, der die Jünger fragte: *Als ich euch ohne Geldbeutel aussandte, ohne Vorratstasche und ohne Schuhe, habt ihr da etwa Not gelitten? Sie antworteten: Nein* (Lk 22,35).

10. Wenn aber weder der Tod noch der Mangel an Lebensnotwendigem so sehr zu befürchten sind, droht ein anderes Übel: dass es vielleicht nötig wird, uns voneinander zu trennen und dahin und dorthin zu gehen, um der Wucht der Verfolgung auszuweichen. Das wäre, liebe Patres und Fratres, gewiss für mich nicht weniger als für euch alle, meine ich, eine sehr schwere Prüfung; das stelle ich nicht in Abrede. Nichtsdestoweniger wäre

es eben eine Prüfung, nicht eine Vernichtung, wenn der Herr eine solche gewiss harte Prüfung zuließe. *Dem Herrn gehört die Erde und was sie erfüllt* (Ps 24,1). Wo immer wir sein werden, werden wir nicht immer Söhne jener Vorsehung sein, in der es nicht lieben und verlassen nicht gibt, weil alles dem Vater gehört. Wenn schließlich doch so etwas passierte, geschähe es nur auf Zeit, auf kurze Zeit, wodurch unsere Tugend und Standhaftigkeit erprobt würden. Gewiss wird es diese Zuversicht sein, dass wir, sollte es uns passieren, in alle Winde verstreut zu werden, wir wieder zusammengeführt würden und das binnen Kurzem, so steht es mir im Sinn, sodass ich dafür jene Worte des Propheten zu gebrauchen nicht zögere: Diese meine Hoffnung ruht in meinem Schoß (vgl. Hiob 19,25). Liebe Patres und Fratres, nie und nimmer werden so viele Erweise übergroßer Barmherzigkeit Gottes des Herrn, die die Gesellschaft in jüngster Zeiten bisher erfahren hat und die so etwas – so meinen es viele, auch Außenstehende – wie ein Wunder sind, uns nicht zweifeln lassen, dass er selbst das Werk, das er begonnen hat, zu Ende führen wird. Wenn er uns geschlagen hat, so wird er auch heilen; sollte er zerstreuen, er wird wieder zusammenführen. So bitte ich darum, wie viele wir auch sind, dass wir den Mut zu allem, was immer schließlich sein wird und was der Herr verfügen wird, aufbringen, wir wollen mit dem Apostel sagen: *Wir rühmen uns ... unserer Bedrängnis; denn wir wissen: Bedrängnis bewirkt Geduld, Geduld aber Bewährung, Bewährung Hoffnung. Die Hoffnung aber lässt nicht zu Grunde gehen* (Röm 5,3-5).

11. Fluten werfen das Boot der Gesellschaft hin und

her; und was Wunder, wenn das Schiff Petri von einem fürchterlichen Sturm erschüttert wird? Gewiss, die Nacht bricht an und die Gewalt der Finsternis. Mühen wir uns beim Rudern ab: als Ruderer hat uns Pius VII. gerufen. Wären wir doch entschlossen, ließen uns durch nichts von den Mühen abhalten! Mühen wir uns, sage ich, beim Rudern ab; es hat Gegenwind (vgl. Mt 14,24 ff). Liebe Patres und Fratres, lasst uns nicht müde werden, irgendwann wird der Tag aufleuchten und Jesus wird über das Wasser kommen und bei den Seinen da sein, die er bei der Arbeit antrifft; er wird die tobenden Fluten durch einen göttlichen Fingerzeig beruhigen, der Wind legt sich und Ruhe tritt ein. Rufen wir doch und beten wir: Herr, rette uns. Lasst nicht zu, dass zu große Furcht unterzugehen euch erfasse, dass uns nicht so wie den Aposteln vom gütigsten Herrn geringer Glaube vorgehalten werde. *Hoffe auf den Herrn und sei stark! Hab festen Mut und hoffe auf den Herrn!* (Ps 27,14). *Denn nur noch eine kurze Zeit, dann wird der kommen, der kommen soll, und er bleibt nicht aus* (Hebr 10,37). Unterdessen sollen wir es – sage ich – an keinem Tag unterlassen, vom Herrn uns Hilfe zu erbitten. *Denn er gibt allen gern und macht niemand einen Vorwurf* (Jak 1,5). Der Apostel spricht davon: *Denn es ist gut, das Herz durch Gnade zu stärken* (Hebr 13,9). Zugleich sollen wir jene Ermahnung des Petrus vor Augen haben: *Darum sollen alle, die nach dem Willen Gottes leiden müssen, Gutes tun und dadurch ihr Leben dem treuen Schöpfer anempfehlen* (1 Petr 4,19). *Der Gott aller Gnade aber, der euch in Christus zu seiner ewigen Herrlichkeit berufen hat, wird euch, die ihr kurze Zeit leiden müsst, wieder*

*aufrichten, stärken, kräftigen und auf festen Grund stellen. Sein
ist die Macht in Ewigkeit. Amen* (1 Petr 5,10.11).

Ich empfehle mich euren heiligen Opfern und Gebeten, verehrte Patres und liebe Fratres, euer aller Diener
in Christo, Jan Roothaan

# DIEGO FARES SJ

# Wider den Ungeist der Hassrede

*Jorge Mario Bergoglio und die «Briefe in Bedrängnis»*

Der Ungeist zersetzender Hassreden ist etwas, was in der Menschheitsgeschichte immer wieder vorkommt. Er ändert die Gestalt, doch immer handelt es sich um dieselbe Dynamik, die gegen andere aufhetzt, um sie zu vernichten. Zum ersten Mal zeigt er sich im Zorn Kains, der ihn dazu führte, seinen Bruder zu erschlagen und dann in dämonische Raserei zu verfallen; da er das Weib – Sinnbild der Kirche – nicht zu töten vermochte, wandte er sich «gegen den Rest ihrer Söhne» (vgl. Offb 12,17; Gen 4,6). Die neue Gestalt der Hassrede wird «neu-deutsch» oft *bullying, mobbing, hatespeech* genannt, meint aber immer eine Attacke gegen Schwächere, eine *Aggression, die ... den anderen vernichten möchte, weil er schwach ist* (Papst Franziskus).

Jüngst dachte Papst Franziskus in einer Homilie in Santa Marta über das Geheimnis des Bösen nach, das im «aggressiven Vorgehen gegen den Schwachen» sich offenbart; «die Psychologen mögen gute, tiefgründige Erklärungen geben – fügte er hinzu –, (dass das aber) auch die Kinder (tun) [...] und das ist eine der Spuren der Ursünde, das ist ein Werk des Satans»[1].

Die Erwähnung Satans macht uns auf den entschieden

1 Franziskus, *Wenn man die Schwachen beleidigt* (8. Januar 2018), in: http://w2.vatican.va/content/francesco/de/cotidie/2018/ documents/papa-francesco-cotidie_20180108_wenn-man-die-schwachen-beleidigt.html.

geistlichen Charakter eines Verhaltens aufmerksam; aufgrund von Ausdrücken, die im Italienischen und Spanischen verwendet werden – accanimento, encarnizamiento –, könnte man meinen, es handle sich um etwas Animalisches, was aber nicht so ist. Vermischt und vermengt mit Fleischlichem verbirgt sich darin eine Zunahme an Wildheit und sinnloser Grausamkeit, was große Unruhe und Fassungslosigkeit verursacht, wenn wir auf die Auswirkungen schauen. Denken wir doch an den Heranwachsenden, der sich das Leben nimmt, weil er es nicht ertragen kann zu sehen, dass ein verunstaltetes Bild von ihm ins Internet gestellt wird. Der Ungeist zersetzender Hassreden ist dämonisch im Sinn des Widernatürlichen: Er ist nicht bloß zerstörend, sondern auch selbstzerstörerisch; er ist ansteckend und bringt schädliche Wirkungen auf sozialem Niveau hervor: Verwaisung, Gefühle der Ruhelosigkeit, der Entwurzelung, des Durcheinanders. Und im Falle, da sich das in anderen Phänomenen verbirgt und mit ihnen vermischt, ist es notwendig, es ins Licht der geistlichen Unterscheidung zu stellen, um sich hinsichtlich der Weise, dem sich zu widersetzen, nicht zu täuschen: zum Beispiel ist es möglich, sich von einem verkehrten Dynamismus anstecken zu lassen, während man dabei ist, gegen einige seiner Wirkungen vorzugehen.

Man muss dem Rechnung tragen, dass zusammen mit der in den meisten Fällen destruktiven Zersetzung eine andere «entwickelte»[2] in einer etwas salopperen Weise,

2 Gewiss, «es gibt eine andere Verfolgung, von der man nicht so viel spricht», eine Verfolgung, «verkleidet in Kultur, im Mantel der Moderne, des Fortschritts: Es handelt sich da

aber mit gleicher und systematischer Grausamkeit wirksam wird. Ist es nicht vielleicht symptomatisch, dass wir den Ausdruck «unmenschlich» oder «entmenschlichen» gebrauchen, ohne bisweilen daran zu denken, dass wir mit ihnen nicht «tierisch» sagen möchten, sondern etwas, das von anderer Natur ist?

Eine kurze Phänomenologie des «Ungeistes zersetzender Hassrede» wird uns helfen, das besser zu erkennen und seine Bösartigkeit insofern zu verstehen, als dadurch der Wunsch, sich ihm mithilfe des Geistes zu widersetzen, ihm entgegen zu treten und ihn aus unserem Inneren und aus den sozialen Strukturen, in die er sich eingenistet hat, zu vertreiben. Wie heißt es doch im Hymnus *Komm Schöpfer Geist: den Feind vertreibe möglichst weit.*

Um zu verstehen, wie man widerstehen kann, ohne sich selbst anzustecken, bringen wir eine Empfehlung ins Spiel, die Papst Franziskus bei seiner Begegnung mit den Jesuiten von Peru während seiner letzten apostolischen Reise nach Lateinamerika machte. Bei dieser Gelegenheit erwähnte er die *Briefe in Bedrängnis*[3],

um eine «entwickeltere» Verfolgung, möchte ich ein wenig ironisch sagen [...]. Den Chef der entwickelteren Verfolgung nennt Jesus Fürst dieser Welt» (Franziskus, *Zwei Arten von Verfolgung* (16. April 2016) in http://w2.vatican.va/content/francesco/de/cotidie/2016/documents/papa-francesco-cotidie_20160412_zwei-arten-der-verfolgung.html.

3  L. Ricci – J. Roothaan, *Las cartas de la tribulación,* Buenos Aires: Diego de Torres 1988. – Zu Beginn des Jahres 1987 bat P. Jorge Mario Bergoglio, als er nach einem Studienaufenthalt in Deutschland nach Argentinien zurückgekehrt war, den Jesuitenpater Dan Obregón, die *cartas* für eine Veröffentlichung zu übersetzen: einige Briefe, die von ihren beiden Ge-

von denen ich behaupte, dass sie «eine vorzügliche Sammlung von Kriterien der Unterscheidung, von anwendbaren Kriterien sind, um sich nicht von der institutionellen Trostlosigkeit aufsaugen»[4] und «vom Weg der Nachfolge abhalten» zu lassen «in Momenten der Verwirrung, in denen das Gemenge von Verfolgungen, Bedrängnissen, Zweifeln usw. aufgrund von kulturellen und historischen Ereignissen aufsteigt». Es gibt «verschiedene Versuchungen, die dieser Zeit eigen sind: Ideen diskutieren, den Gegenstand nicht zu ernst nehmen, sich vermehrt auf die Verfolger konzentrieren [...], in der Trostlosigkeit hängen bleiben»[5].

Von den verschiedenen Versuchungen, die in der Zeit der Verwirrung kommen, wollen wir die hervorheben, die vom Ungeist zersetzender Hassrede kommen; durch sie versucht der böse Geist, nicht nur uns zum Widerstand gegen die Gnade zu bewegen, sondern führt einen Schritt weiter: er verlockt und verändert uns zu Komplizen seines Strebens, dass wir uns schließlich ins eigene Fleisch schneiden.

neraloberen P. Lorenzo Ricci und P. Jan Roothaan in Zeiten an die Jesuiten geschrieben wurden, als die Gesellschaft Jesu unter Verfolgungen zu leiden hatte. [Für die Briefe in Bedrängnis wurden die Briefe der Generaloberen aus dem Lateinischen übersetzt.]

4  Francesco, *«Dov'è che il nostro popolo è stato creativo?» Conversazioni con i gesuiti del Cile e del Perù*, in: *La Civiltà Cattolica* 2018, I 324.

5  Vgl. Franziskus, *Begegnung mit Priestern, Ordensleuten, Geweihten und Seminaristen*, Santiago del Chile: 16 Janura 2018, in http://w2.vatican.va/content/francesco/de/speeches/2018/january/documents/papa-francesco_20180116_cile-santiago-religiosi.html. Vgl. J. M. Bergoglio, *Lehre aus der Bedrängnis*.

Zersetzende Hassrede geht uns allen an die Nieren. Die verschiedenen Sprachen drücken dieses Phänomen aus, indem sie auf verschiedene Aspekte hinweisen. Im Italienischen wird der Ausdruck «accanimento» verwendet, wobei auf das Subjekt – der Hund – geachtet wird, und es wird der subjektive Aspekt der Grobheit hervorgehoben. Im Spanischen *encarnicamiento* nimmt man auf das Fleisch Bezug und wird das Objekt in den Blick genommen, über das die Raserei hereinbricht. Im Englischen und Französischen spricht man von *fierness* (Hitze) und *ferocité* (Wildheit), die die Wildheit der Aktion selbst übersteigt. Im Deutschen bezeichnet *Hartnäckigkeit* Halsstarre und hebt einen physischen Zustand hervor, der eine kaum zu überwindende Klippe in der Verfolgung eines Zieles beschreibt.

Wenn man zum Beispiel das Phänomen des aggressiven Vorgehens gegen die Schwächeren (bullying) analysiert, begreift man, dass es gar nicht so leicht ist, es einzuordnen, wenngleich gewisse wiederkehrende Elemente – gedankliche Planungen der Aggression, Systematisierung, Machtgefälle – es gestatten, eine einzelne Episode innerhalb dieser Kategorie einzuordnen[6].

Doch die Beschreibungen von einigen Wutausbrüchen, die abstrakt und allgemein sind, dringen nicht bis zum Kern des Phänomens vor, in seine Bosheit ohne ersichtlichen Beweggrund, der in einem gewissen Punkt sich in

6    Vgl. G. Cucci, *Bullismo e Cyberbullismo: due fenomeni en aumento*, in: *La Civiltà Cattolica* 2018, I 25.

exponentieller Weise verdichtet und ansteckend wirkt. Kennzeichen wie diese veranlassen uns zu denken, dass es sich nicht um eine rein instinktive und animalische Sache handle, sondern dass es da ein gewisses Mehr gibt.

Die Ansteckung ist ein bezeichnendes Element, das im Auge zu behalten ist, wenn es um das Verständnis des Ungeistes zersetzender Hassrede geht. Nicht alle treiben uns zu allen Zeiten mit denselben Objekten in Wut, sondern wenn wir jemanden sehen, wie er in Wut gerät, taucht ein sehr starker, mimetischer Impuls auf, sowohl in denen, die sich auf die Seite der Wut des Angreifers schlagen, wie in denen, die das Opfer mit einer ähnlichen Dynamik verteidigen. Und wenn es Wut gegeben hat, ist der Keim der Rache ausgesät: die Seuche verbreitet sich mit der Zeit.

Ein anderes Element, das es zu beachten gilt, besteht darin, dass, selbst wenn es scheinen sollte, dass die menschliche Grausamkeit immer dieselbe gewesen ist und dass mit der wachsenden Zivilisation gewisse Dinge nicht passieren, tatsächlich das Gegenteil geschieht: mit der Sophistik der Technologie kehrt der zersetzende Ungeist jeden Tag grausamer in den Wirkungen und «politisch noch viel korrekter» in seiner Modalität wieder. Ist es nicht symptomatisch, dass wir dazu neigen, ein ferngesteuertes Geschoss als weniger grausam einzuschätzen als eine blutige Schlacht Mann gegen Mann? Die Tatsache, dass «weniger Blut zu sehen ist», bedeutet nicht, dass der Ungeist der Wut weniger geworden ist; ganz im Gegenteil, er entfaltet sich präziser, systematischer und unmenschlicher.

Weisen wir schließlich auf ein Paradox hin. Das, was die Wut anstachelt, am Laufen hält und verschärft, ist – zur gleichen Zeit – die Gebrechlichkeit und der tatsächliche Widerstand des Fleisches. Es ist nicht möglich, gegen etwas Solides wie Eisen in Wut zu geraten noch auf etwas wütend zu sein, das schon aufgrund seiner materiellen Zusammensetzung keinen Widerstand erzeugt, wie es mit dem Wasser oder mit der Luft sein könnte. Dieses Paradox führt dazu, einen Widerspruch zu entdecken. Es ergibt keinen Sinn, auf das Fleisch wütend zu werden – «encarnicarse con el carne» –, auch wenn bei Überschreitung eines gewissen Maßes das für einen exzessartigen Wutausbruch zu einem passenden Objekt werden kann. Ab einem gewissen Punkt erhebt sich natürlich der Anspruch, «die Wut zu bändigen», «Erbarmen walten» zu lassen. Wenn etwas geschieht, dass jemand die Ohren sich zuhält und mit doppelter Wut gegen das wehrlose Opfer losgeht, ist dieses Etwas der zersetzende Ungeist. Dieser Ungeist zeigt sich als etwas nicht rein Instinktives, sondern als Frucht einer frei und klar getroffenen Entscheidung, die sich darin gefällt, Böses um des Bösen willen zu tun.

Das Gesagte soll genügen, um eindeutig zu erkennen, dass es korrekt ist, vom zersetzenden Ungeist zu sprechen und nicht von Instinkt. Wenn wir von Tieren sprechen und dabei Ausdrücke wie «mörderischer Instinkt» oder «Tier im Blutrausch» verwenden, erläutern wir in Wirklichkeit ein Übel durch das Übel selbst; durch Verdoppelung wird Deutlichkeit und Zähigkeit dessen hervorgehoben, was die tierische Welt absolut entbehrt. Und wenn sie das hat, es begrenzt sich auf den Rhythmus, der durch den Impuls und durch die Befriedigung des Instinktes bestimmt wird, was jedes Mal unmittelbar geschieht und unmöglich auf lange Sicht zu planen ist.

## *Wenn wütende Hassreden den Dialog schädigen*

Das veranlasst uns, das Phänomen der medialen Hassrede auf eine andere Weise zu analysieren. Die Tatsache dessen, dass der Ungeist der Hassrede sich im Umfeld von Worten bewegt und nicht in gewalttätige Hände rutscht, es sei denn, dass er vielleicht im Ton und in einigen Gesten sich äußert, bedeutet nicht, dass wir aus dem Umkreis der wütenden Hassrede herausgetreten sind und auf zivilisiertem Boden stehen. Ganz im Gegenteil! Gerade hier, in der verbalen Gewalt, in der Lüge, in der Verleumdung, in der üblen Nachrede, in der Herabsetzung und im Herumschnüffeln passiert es, dass der Ungeist wütender Hassrede seine Nischen findet, von wo aus er herrscht.

Franziskus nimmt drastisch und klar die Demaskierung einiger Versuchungen vor. Ein Ding, worüber einige sich aufregen, wenn sie kommentierend sagen, der Papst übertreibe mit dem, was er zu einigen in strenger Klausur lebenden Nonnen sagte, dass sie «Terroristen-Nonnen» seien, wenn sie Gerüchte verbreiteten[7].

7  Franziskus, *Gebet der Terz mit den kontemplativen Ordensfrauen*, Lima, 21. Januar 2018; dt. in: http://w2.vatican.va/content/ francesco/de/homilies/2018/documents/papa-francesco_ 20180121_omelia-peru-lima-preghiera.html.

Das Wort tendiert seinem eigenen Dynamismus entsprechend dahin, «sich zu verwirklichen». Deswegen ist es wichtig zu bedenken, wie sehr es widersprüchlich ist, «erbittert zu diskutieren». Sich im Dialog zu verbeißen ist widersinnig. Das Wesen des Dialogs sind nicht die Worte, die gesagt werden oder die vollzogenen Gedankengänge, sondern das gegenseitige Einverständnis der Gesprächspartner hinsichtlich einer Realität, die erklärt werden soll. Das passiert, wenn einer ein Urteil formuliert, das er dem anderen unterbreitet, damit dieser seine Sicht der Dinge beitrage. Wenn man es unterlässt, das Einverständnis als das Wesentliche anzusehen, und darauf hingearbeitet wird, das Eigene durchzusetzen, oder wenn man das, was der andere sagt, geringschätzig behandelt, kommt kein Dialog zustande. Zersetzende Hassrede ist nicht Ausgeburt des Instinktes, sondern das Ergebnis einer Logik, der des Vaters der Lüge (vgl. Joh 8,44), und widerstrebt einer anderen Logik, der der Wahrheit, jener, die Jesus im Evangelium bezeugt und die der Heilige Geist in jeder Situation offenkundig macht. Die Logik der Fleischwerdung ist der Logik der Zersetzung entgegengesetzt.

## Mittel gegen zersetzende Hassrede in den Briefen in Bedrängnis

In den *Briefen in Bedrängnis*, die wir zu Beginn erwähnten, verweist Bergoglio auf einige Mittel, diesem Ungeist zu begegnen, ohne selbst davon angesteckt zu werden.

Darin ist «die Lehre aus der Bedrängnis» enthalten. Das Buch *Briefe in Bedrängnis* bildet einen Traktat zu Bedrängnis und der Weise, mit ihr zu leben»[8].

Bei der Vesper in der Kirche Il Gesù am 27. September 2014 sagte Franziskus: «Als ich die Briefe von Pater Ricci las, hat mich ein Aspekt besonders beeindruckt: seine Fähigkeit, nicht in die Falle dieser Versuchungen zu tappen und den Jesuiten für die Zeit der Bedrängnis eine Sicht der Dinge vorzuschlagen, die sie mehr in der Spiritualität der Gesellschaft verwurzelte»[9].

Um diesen Satz im Zusammenhang zu sehen, müssen wir sagen, dass die Lehre von der Weise des Ertragens der Bedrängnis und des Widerstandes gegen sie, die Bergoglio in seinem kurzen Prolog zu den *Briefen* erwähnt, durch zwei weitere Schriften ergänzt werden, die mit dieser eine Trilogie bilden: eine vorausgehende *Über die Selbstanklage*[10], die 1984 erstmals veröffentlicht wurde; und eine andere, geschrieben in den ersten Monaten

8   J. M. Bergoglio, *Lehre aus der Bedrängnis*. – Sieben Briefe stammen von P. Ricci, einer von P. Roothaan.

9   Franziskus, Ansprache bei der *Vesperfeier und dem Te Deum aus Anlass der 200-Jahr-Feier der Wiedererrichtung des Jesuitenordens* in der Kirche Il Gesù, in: http://w2.vatican.va/content/francesco/de/speeches/2014/september/documents/papa-francesco_20140927_vespri-bicentenario-ricostituzione-gesuiti.html.

10  J. M. Bergoglio, *Reflexiones espirituales*, Buenos Aires: Diego de Torres 1987. Der Text «L'acusación de si mismo», der hierin enthalten ist, war schon in *Boletin de espiritualidad de la Provincia argentina de la Compañia de Jesús*, n. 87, 1984 veröffentlicht worden; er wurde übersetzt ins Italienische unter dem Titel *Umilta. La strada verso Dio*, Bologna: EMI 2013 und ins Deutsche unter dem Titel *Über die Selbstanklage, Eine Meditation über das Gewissen*, Freiburg: Herder 2013.

nach der Übersiedlung in die Residenz von Cordoba, mit dem Titel «Schweigen und Wort»[11].

Das Erste, was zu sagen ist, dass *Briefe in Bedrängnis* keine abstrakte Abhandlung zu geistlichen Kriterien sind, sondern Ausdruck einer Haltung, die einer gesamten Institution angehört – der Gesellschaft Jesu –, nämlich die eigene Unterdrückung (die den Tod vieler Jesuiten mit sich brachte) zu akzeptieren in Gehorsam gegenüber der Kirche, ohne irgendjemandem Böses mit Bösem zu vergelten.

Diese paradigmatische Haltung in einer «größeren Verfolgung» bildet in den jeweiligen Verhältnissen ein geistliches Kennzeichen der Begegnung mit irgendwelchen anderen. Es schließt sich dem Geist des Petrusbriefes an, sich nicht zu wundern ob der Feuersglut, die wütet (vgl. 1 Petr 4,12), wenn eine Verfolgung ausbricht[12]. Da geschieht, wovon der Brief an die Hebräer handelt, der uns daran erinnert: *Ihr habt im Kampf gegen die Sünde noch nicht bis aufs Blut Widerstand geleistet* (Hebr 12,4).

In der Haltung der geistlichen Vaterschaft jener Generaloberen der Gesellschaft Jesu sieht Bergoglio das wirksamste Heilmittel gegen das Risiko, in die Opferrolle zu geraten, in der Verfolgungen übertrieben werden. Die Vaterschaft, die der Sorge um den Weizen

---

11 Ders., *L'accanimento* in *Reflexiones en esperanza*, Buenos Aires: Usal 1992. – Hier wird aus der italienischen Übersetzung von *Non fatevi rubare la speranza*, Milano: Mondadori 2013, 85-108, zitiert.

12 Franziskus, *Pressekonferenz beim Rückflug von der Reise nach Chile und Peru*, 21. Januar 2018; in: http://w2.vatican.va/content/francesco/de/speeches/2018/january/documents/papa-francesco_20180121_peru-voloritorno.html.

Kraft verleiht und nicht vorzeitig das Unkraut ausreißt, ist das Gegenmittel, das «den Leib aus der Verlassenheit und aus der geistlichen Entwurzelung befreit»[13]. Das macht er jedoch nicht wie einer, der den anderen vor äußeren Schlägen bewahrt, sondern wie ein Vater, der seinen Söhnen hilft, «eine Haltung der Unterscheidung anzunehmen»[14], die es ihnen möglich macht, sich selbst zu verteidigen.

Die verheerendste Wirkung des Ungeistes der Hassrede, der sich in das schwächste Fleisch verbeißt, wird im gläubigen Volk Gottes verursacht: Er fällt über die Einfältigen und Kleinen her, über jene, die beim Anblick dieser zersetzenden Wut, die auf die Schwächsten losgeht, und oft auf die Besten; ihnen widerfährt Verwaisung, Hilflosigkeit und ein Gefühl der Entwurzelung. Von daher kommt es, dass die väterliche Haltung darin besteht, dafür zu sorgen, dass den Kleinen kein Ärgernis widerfahre. Dem galt der hauptsächliche Einsatz des Herrn, als für ihn die Stunden seines Leidens gekommen waren, den Vater anzuflehen und dafür zu sorgen, dass die Seinen keinen Anstoß nehmen.

## *Sich demütigen, um dem Bösen zu widerstehen*

Die Gegenmittel wider den zersetzenden Ungeist führen nicht dazu, «Böses mit dem Bösen zu überwinden»; das liefe darauf hinaus, sich von dessen Dynamik anstecken zu lassen. Dagegen wird unsere Fähigkeit, «dem

---

13  J. M. Bergoglio, *Lehre aus der Bedrängnis.*
14  Ebd.

Bösen zu widerstehen», verstärkt, wenn Weisen gefunden werden, Bedrängnis und Not tapfer zu ertragen. Dieser Widerstand gegen das Böse ist völlig konträr zu dem anderen Typ von Widerstand – dem Widerstand gegen den Geist –, den der Dämon praktiziert und wachruft, wenn er zu Hass anstachelt. Schauen wir die Kennzeichen des Widerstandes gegen das Böse an.

In einigen Fällen wird der Widerstand gegen die Verfolgung darin bestehen, nach «Ägypten zu fliehen», wie es der heilige Josef machte, um das Kind und seine Mutter zu retten: «Immer sollten wir ein Ägypten zur Hand haben – auch in unserem Herzen –, um uns zu demütigen und uns außer Landes zu bringen vor dem Übermaß eines Argwohns»[15], mit dem man uns nachstellt. In vielen Fällen besteht der erste Widerstand im Rückzug, darauf nicht zu reagieren, wenn man angegriffen wird, oder dem Instinkt des direkten Widerstandes zu folgen. Der Rückzug zu diesem Ort des Herzens, den immer aufsuchen kann, wer von einem Herodes verfolgt wird, ist die Quelle des Friedens, die Bergoglio vom Herrn gegeben wurde, als er dessen innewurde, dass er Papst werden würde. Der Papst selbst war es, der das öfter als einmal erzählt hat, wenn er ums Gebet gebeten hat, auf dass dieser Friede ihn nie verlasse[16].

15 J. M. Bergoglio, *Non fatevi, rubare la speranza,* Pos. 1253. Dieses Übermaß oder Ausschweifen erwähnt R. Guardini als Kennzeichen für einen Typ von Personen, «der ausschweifend, gewalttätig und verdorben durch Macht und innerer Unsicherheit ist» (vgl. R. Guardini, *Der Herr.* Herderbücherei 813, Freiburg ⁶1990, 22).

16 Vgl. A. Spadaro, *Das Interview mit Papst Franziskus.* Hg. v. Andreas R. Batlogg. Freiburg: Herder 2013, 25.

Doch in anderen Fällen wird der Widerstand darin bestehen, offen dem Ungeist die Stirn zu bieten und öffentlich die Wahrheit ohne Getöse, aber klar zu bezeugen. In diesem Punkt wird Bergoglio-Francisco eine besondere Gnade zuteil, die einfach darin besteht, «den bösen Geist tanzen zu lassen», der sich so offenbart[17].

Wenn die Versuchung auf einer Wahrheit oder einer Halbwahrheit beruht, ist es sehr schwierig, mehr Licht herbeizuschaffen und die Dinge intellektuell zu erhellen. «Was kann in solchen Umständen helfen?» fragte Bergoglio in *Schweigen und Wort*. «Man muss darauf hinarbeiten, *dass der böse Geist sich offenbare*», und die einzige Weise besteht darin, «Raum zu geben», auch wenn Jesus der einzige ist, der es zu bewirken vermag, dass der Dämon sich zeige: «Es gibt nur eine Weise, Gott ‹Raum zu geben› und diese Weise lehrt er uns selbst: Entäußerung bis zu Vernichtung, die *kenosis* (vgl. Phil 2,5-11). Rufen, beten, sich verdemütigen»[18].

«Mehr als auf ‹Licht› soll man – so Bergoglio – auf ‹Zeit setzen›. Ich verdeutliche: das Licht des Dämons kommt von außen, dauert aber nur kurz (wie ein Blitzlicht beim Fotografen); das Licht Gottes ist sanft (und) unauffällig – es drängt sich nicht auf, sondern bietet sich an –, doch es dauert an. Man muss in Gebet und Bitten auf Eingebungen des Heiligen Geistes zu hoffen verstehen, bis die Zeit dieses andauernden Lichtes verstrichen ist»[19].

17 Vgl. Editorial, *Cinque anni di papa Francesco. Il cammino del pontificato si apre strada facendo*, in: *La Civiltà Cattolica* 2018, I 523.
18 J. M. Bergoglio, *Non fatevi, rubare la speranza*, Pos. 1386.
19 Ebd., Pos. 1374.

## Politische Dimension des Kampfes gegen den Geist der Quälerei

Man muss sich Rechenschaft geben, was in diesem Sich-demütigen, um Jesus «Platz zu machen», auf dem Spiel steht. Wir befinden uns nicht vor einer rein religiösen Tatsache, punktuell und subjektiv gesehen. Im dialogalen Geschehen des «Zeit-verstreichen-lassens» und «Sich-schwach-machens» eröffnet sich eine «andere Dimension»[20], wobei die konkrete Verdemütigung, alles nicht noch einmal erklären zu können, akzeptiert wird.

In der Weise des Dialogs, der sich «der anfänglichen Wut, der Rebellion gegen Gott» widersetzt, tut sich eine politische Dimension des Krieges gegen Gott auf. Bergoglio führt das Zeugnis eines Ordensmannes an, um diese Dimension zu beschreiben: Da sagte einmal ein Ordensmann, der sich auf eine konkrete und sehr schwierige Situation bezog: «Wohl gemerkt, das war ein Krieg zwischen Gott und dem Teufel, und wenn wir zu Schwertern greifen möchten, machen wir uns auf, uns selbst zu zerstören»[21].

Das Wissen um die «politische Dimension» des Krieges gegen den zersetzenden Ungeist verweist auf die Deutlichkeit, mit der Franziskus alle Konflikte angeht, sowohl die internen der Kirche wie die externen. Zu wissen, dass es sich um den Krieg Gottes handelt, ist das, was ihn in Frieden hält, ihn in der Geduld stark macht, und was ihn aufruft, aufzubrechen und voranzugehen.

20  Vgl. ebd., Pos. 1391.
21  Ebd., Pos. 1429.

Austen Ivereigh schrieb: «Das Kreuz wird schließlich den Teufel zwingen, sich zu zeigen, weil der Teufel Liebenswürdigkeit mit Schwäche verwechselt»[22]. «In Zeiten der Dunkelheit und arger Bedrängnis – schreibt Bergoglio – wenn ‹Schiffszwieback› und ‹Knoten› nicht mehr aufzudröseln noch die Dinge zu durchschauen sind, muss man rufen; die Sanftmut des Schweigens wird uns noch schwächer zeigen, und dann wird der Dämon, der ermutigt sich ans Licht begibt, seine wirklichen Absichten zeigen, nicht mehr getarnt als Engel des Lichtes, sondern unverhüllt»[23].

Ein Verhalten, in dem offen Schwäche gezeigt wird, befähigt, die Nachstellungen des bösen Geistes zu besiegen. Und es ist die beste Weise, das Geschwätz zu bekämpfen, die skandalösen Reden, die üblen Nachreden, die heute leicht in den sozialen Netzwerken verbreitet werden, eingeschlossen die Regionen, die sich als «katholisch» bezeichnen. In diesen Fällen ist es notwendig, schweigend zu widerstehen. Bemerkenswert sind diesbezüglich die Überlegungen von Maximus Confessor, den Bergoglio, damals noch Pater, zitierte. Da wird behauptet, dass im Moment, da Christus während seines Leidens ermattet, d.h. immer schwächer zu werden scheint, indes die Jünger fliehen und das Volk ihn im Stich lässt – der Dämon aufzuatmen scheint und sich als mächtiger Sieger gebärdet. Doch am Ende ist das Fleisch Christi in seiner

22  A. Ivereigh, *Tempo di misericordia. Vita di J. M. Bergoglio,* Milan: Mondadori 2014, 242.
23  J. M. Bergoglio, *Non fatevi, rubare la speranza,* Pos 1414.

Schwachheit der Köder, nach dem der Dämon schnappt. Und so verzehrt er den Leckerbissen mit dem Gift und wird dadurch unschädlich gemacht[24].

Jene, die klagend Franziskus konfus nennen, wenn er nicht in kriegerischer Weise die Gerechten «verteidigt» und die Sünder «verurteilt» und so vorgeht, dass er ihnen Normen «auferlegt» und mit päpstlicher Unfehlbarkeit das «Bis-hierher-und-nicht-weiter» klarstellt wie einer, der einen Stacheldraht spannt, ziehen es gar nicht in Erwägung, dass das, was der Papst aus ihrer Sicht verwechselt, in Wirklichkeit gegen den bösen Geist geht, der sie bewegt.

In einer Welt, in der Politiker und Ordensleute diskutieren und sich mit digitalen Kurznachrichten abgeben, rüstet sich Franziskus, auf seine Weise der zersetzenden Hassrede mit Dialog zu widerstehen, indem er «Position bezieht» (vgl. Eph 6,13); doch in «derselben Haltung Jesu»[25] eröffnet er wiederum für sich einen weiteren «politischen Raum», den des Reiches Gottes, in dem der Herr jener ist, der den Krieg führt, und niemand von uns ist der Protagonist.

Dieser «passive Widerstand gegen das Böse» – derselbe, den Bergoglio immer als Gnade herausgestrichen hat, die den Völkern zuteilwird und die in Verbindung mit ihr geduldig und weise ihre Kultur pflegen[26] – verbessert

---

24  Vgl. Franziskus, *Gaudete et exsultate*, n. 115, und J. M. Bergoglio, *Non fatevi, rubare la speranza*, Pos. 1425. – Dt.: J. M. Bergoglio – Papst Franziskus, *Über die Selbstanklage*, 49.

25  J. M. Bergoglio, *Non fatevi, rubare la speranza*, Pos. 1426.

26  Vgl. D. Fares, *«Io sono una missione». Verso el Sinodo dei giovani*, in: *La Civiltà Cattolica* 2018, I 431.

unter anderem drei Haltungen, die einer «Politik der zersetzenden Hassrede» eigen sind, auf denen auch jede Parteipolitik beruht. Bergoglio beschreibt diese Haltungen so, wie sie sich im Leiden des Herrn darstellen. Die erste ist die Haltung jener, «die gegen jenen wütend werden, den sie schwach sehen»[27]. Die Mächtigen wagen es nicht, gegen Jesus vorzugehen, solange das Volk ihm folgt, fassen aber Mut, sobald sie ihn geschwächt sehen, verraten von einem der Seinen. Die zweite Haltung «ist die Wurzel jeglicher Wut: die Notwendigkeit, sich der eigenen Schulden und Begrenzungen zu entledigen [...], wobei der Mechanismus des Sündenbocks wiederholt wird[28]. Die dritte Haltung nehmen jene ein, die wie Pilatus angesichts der Wut sich die Hände waschen, «es geschehen lassen»[29].

## Selbstanklage

«Sich schwach zeigen» entsprechend dem Beispiel Jesu besteht in einer sehr präzisen Haltung. Bergoglio sagt, dass «Jesus ihn (den Dämon) verpflichte, sich zu zeigen, ihn kommen zu lassen»[30]. Gewiss, es ist nicht nachzuahmen, was der Herr erreicht dank seiner Unschuld und dank der bedingungslosen Übergabe in die Hände des Vaters, um uns alle zu erlösen, wobei er auch seinen Feinden vergibt. Doch es gibt eine auch

27  J. M. Bergoglio, *Non fatevi, rubare la speranza*, Pos. 1397.
28  Ebd., Pos. 1401.
29  Ebd., Pos. 1402.
30  Ebd., Pos. 1423.

für uns Sünder mögliche Weise – anstelle der Unschuld unsere Schwachheit ins Spiel zu bringen: das besteht in der «Anklage seiner selbst», eine direkt entgegengesetzte Haltung zur Hassrede gegen andere.

Sich-selbst-anklagen, nicht im Allgemeinen, sondern im Konkreten bedeutet, «sich wirklich schwach zeigen», um «vom Paraklet verteidigt werden zu können wie einer, der ihm als seinem guten Verteidiger alles anvertraut, damit er ihn in wirksamer Weise gegenüber seinen Anklägern vertreten kann. Bergoglio hat das schon gut ausgeführt in seinem Kommentar zu Dorotheus von Gaza in seinem Traktat *Über die Selbstanklage*[31]. Dieser spielt darauf an, wie gut es ist, das Herz durch die Übung, «sich selber anzuklagen», zu bilden, denn es handelt sich um «innere(n) Einstellungen ..., die für sich genommen zwar belanglos scheinen, auf der Ebene des institutionellen Gefüges jedoch umso wirkungsvoller sind»[32].

«Nicht selten trifft man – in den örtlichen Gemeinschaften ebenso wie auf Provinzebene – auf verschiedene Lager, die miteinander um die Deutungshoheit oder um Sympathien kämpfen. Dies geschieht in der Regel dann, wenn dieses oder jenes Gedankengut an die Stelle von Offenheit und Nächstenliebe tritt. Dann nämlich setzt man sich nicht mehr für die Familie als *Ganzes*, sondern nur für den *Teil* ein, der einen gerade angeht. Man bekennt sich nicht mehr zur *Einheit* [...], sondern zum *Konflikt* [...]. Wer sich selbst anklagt, gibt der Barmherzigkeit Gottes Raum»[33].

31 Vgl. J. M. Bergoglio, *Selbstanklage*, 2013.
32 Ebd., 40.
33 Ebd., 39 und 51.

In den *Briefen* macht Bergoglio deutlich, dass von der Wahrheit Zeugnis zu geben sehr verschieden ist von einem bloßen «die Wahrheit sagen». In der notvollen Bedrängnis, die zur Unterdrückung der Gesellschaft Jesu führte, «war (es) nicht Sache Gottes, die Wahrheit auf Kosten der Liebe zu verteidigen noch die Liebe auf Kosten der Wahrheit noch das Gleichgewicht auf Kosten von beiden. Um zu vermeiden, sich in einen wirklichen Zerstörer zu verwandeln oder in einen barmherzigen Lügner oder vor Ratlosigkeit gelähmt zu sein, musste der Jesuit unterscheiden»[34].

Gegen die «Hassrede» – und auf besondere Weise, wenn sie die «wohlerzogene» Form annimmt und Wahrheiten verwendet – muss man auf der Hut bleiben, weil «nicht immer der Dämon es mit einer Lüge versucht; es kann eine Wahrheit gegeben sein, jedoch «durchwoben vom bösen Geist», wie der selige Petrus Faber (später heiliggesprochen) sagt[35]. Bergoglio bemerkt, dass «eine ideologische Wahrheit immer beurteilt werden muss nicht wegen ihres Inhaltes, sondern wegen des *Geistes* (der Zielrichtung), den sie enthält, der nicht genau der Geist der Wahrheit ist»[36].

Als Gegenmittel, als gewiss wirkendes Gegengift gegen die Hassreden unterstreicht Bergoglio den Rückgriff «auf die eigenen Sünden der Gesellschaft Jesu», den die Generaloberen machen, «von denen man in einer rein äußeren Sicht und nicht aus der Sicht der Unterscheidung

34  J. M. Bergoglio, *Lehre aus der Bedrängnis*, s. oben 25.
35  Ders., *Selbstanklage*, 41, Anm. 2; vgl. Petrus Faber, *Memoriale*, Einsiedeln: Johannes 1963, n. 51.
36  Ebd.

sagen würde, dass sie mit der äußeren Situation der Verwirrung, die durch die Verfolgungen hervorgerufen wurde, nichts zu tun haben.

Was geschieht, ist nicht zufällig. Dem liegt eine Dialektik zugrunde, die der Situation der Unterscheidung eigen ist: in sich selber einen Zustand zu suchen, der dem äußeren Zustand gleicht. In diesem Fall sich nur als Verfolgte zu sehen, könnte den schlechten Geist hervorrufen, sich selbst als Opfer zu sehen, als Gegenstand von Ungerechtigkeit usw. Außerhalb herrscht aufgrund der Verfolgung Verwirrung ... Beim Betrachten der eigenen Sünden bittet der Jesuit für sich «um Beschämung und Verwirrung über mich selbst»[37]. Es ist nicht die gleiche Sache, aber die Dinge sind ähnlich und auf diese Weise bringt man sich in die beste Verfassung, um Unterscheidung durchzuführen»[38].

Bergoglio merkt an, dass die Generaloberen «ihre Überlegungen auf die Verworrenheit konzentrieren», welche die Ideologie, die der Verfolgung zugrunde liegt, «im Herzen der Jesuiten» auslöst. «Die Verworrenheit nistet sich im Herzen ein: Sie ist das Kommen und Gehen verschiedener Geister»[39]. Und er fügt hinzu: «Ideen werden diskutiert, die Situation wird unterschieden». Die Situation ist die der Verwirrung, und der Grund der Verwirrung wurzelt im Dynamismus der Rache, im Kommen und Gehen der Gedanken, die auftauchen, wenn man sich wild angegriffen sieht, widerlich und andauernd,

---

37  Vgl. Ignatius von Loyola, *Geistliche Übungen*, Würzburg: Echter 2011, n. 48.

38  Vgl. J. M. Bergoglio, *Lehre aus der Bedrängnis*, s. oben 26.

39  Ebd.

in der Art dessen, der einen «starren Nacken»[40] hat.

Dem Widerstand wider den Heiligen Geist – seiner Gnade und dem Glanz seiner Wahrheit – gilt dieser eigentlich dämonische Impuls, der, ohne auf sich selbst zu sehen, sich in verbissener Wut gegen das Fleisch des anderen richtet. Gegen diesen anklagenden Dynamismus, der keine Nachsicht kennt, wendet sich paradoxerweise die innere Haltung der Anklage seiner selbst, ehrlich und einfach; ungeschönt und ungemildert bringt die Anklage seiner selbst die Schuld vor das Angesicht der Barmherzigkeit Gottes und der Gemeinschaft.

40 *Ihr Halsstarrigen, ihr, die ihr euch mit Herz und Ohr immerzu dem Heiligen Geist widersetzt* (Apg 7, 51), ist die Anklage, die Stephanus gegen jene vorbringt, die sich nach der Rede wutentbrannt gegen ihn erhoben.

Zweiter Teil

# BEDRÄNGNIS UND NOT
# VON HEUTE

# FRANZISKUS

«Die offene, schmerzende und
komplexe Wunde der Pädophilie»

**Vier Briefe an die Kirche von Chile**

# Hinführung zur Lektüre der
# «Briefe an die Kirche in Chile»
# von Papst Franziskus
## *von Diego Fares SJ*

Ein offenkundiges, schmerzliches und komplexes Erbe, das seit langer Zeit nicht aufhört zu bluten: So könnte man den Skandal des Missbrauchs, der die Gesellschaft und die Kirche von Chile beschäftigt, definieren. Wir möchten versuchen, vom Prozess Rechenschaft zu geben, den Franziskus eingeleitet hat, um diese Wunde zu heilen. Da es sich um einen laufenden Vorgang handelt, wollen wir eine Chronologie der wichtigsten Ereignisse und eingeleiteten Schritte vorlegen. Dann stellen wir Überlegungen zu den Kriterien der Unterscheidung an, die der Papst einsetzt, um diese Wirklichkeit zu erhellen, «in die wir alle verwickelt sind», wie er den Bischöfen der Nation sagte.

Ein bedeutsames Ereignis, das viele andere zusammenfasst und in einer gewissen Weise der Startschuss des Prozesses der letzten Monate war, fand am 18. Januar 2018 statt, als ein Journalist an Papst Franziskus im Fall des Bischofs Barros herantrat. Der Papst hat das gesagt: «Am Tag, an dem ich einen Beweis habe, werde ich sprechen»[1].

---

1 Franziskus, *Pressekonferenz beim Rückflug von Chile und Peru,* 21. Januar 2018; in: http://w2.vatican.va/content/francesco/de/speeches/2018/january/documents/papa-francesco_20180121_peru-voloritorno.html.

Drei Tage danach, während des Rückflugs von Peru nach Rom, erhielt die übliche Pressekonferenz während des Fluges einen besonderen Charakter. Das Zeugnis verschiedener Journalisten von Tageszeitungen, die dabei waren, stimmt hinsichtlich dieses Momentes tatsächlich überein, dass der Papst sich zu jeder beliebigen Frage äußerte, die sie zu stellen wünschten. In dieser Atmosphäre bat er zweimal um Verzeihung für das Wort «Beweis», das er verwendet hatte: «Dafür muss ich um Verzeihung bitten, weil das Wort ‹prova› (Beweis) gefallen ist, gefallen auf viele Missbrauchte»[2]. Verschiedene Einzelheiten der Dinge, die der Papst eindringlich erklärte, ließen erahnen, dass ab dieser Zeit ein Weg begonnen hatte, der mit den Opfern und mit den Beschuldigten zu gehen war[3].

In diesem Schritt, der viele Deutungen hervorrief und Vermutungen zu der Weise anstellen ließ, dass der Papst in erster Person um Vergebung bat, greifen wir auf ein Ereignis zurück, das Pater Bergoglio als «Dialektik, die dem Bezug der Unterscheidung zur Situation eigen ist, hingestellt hat: Bei sich selber den offenkundig gewordenen Zustand suchen [...] und so befindet man sich in einer besseren Verfassung, eine

2 Ebd.
3 Es wurde festgehalten, dass der Papst praktisch jede Woche Opfer des Missbrauchs empfängt und sie anhört. Ebenso wurde herausgestellt, dass der Papst es Bischof Barros, der zweimal seinen Rücktritt angeboten hatte, diesen Schritt nicht gestattete; zurückzutreten auf äußeres Drängen hin komme einem vorgängigen Eingeständnis von Schuld gleich; man werde «in jedem Fall untersuchen, ob es Schuldige gebe».

Unterscheidung zu treffen»[4]. Das mediale Klima des «Draußen» war voll von Anklagen jeglichen Typs und Kalibers. Der Papst klagte sich selbst an, bat für etwas Konkretes, wodurch er verletzt hatte, um Verzeihung; sich selbst angeklagt zu haben, gestattete ihm, wie wir sehen werden, mit größerer Klarheit die Schritte zu unterscheiden, die es zu tun galt.

Nach einem Monat des Gebetes und der Beratungen sandte er Monsignore Charles Scicluna nach Chile mit dem Auftrag, einfühlsam und demütig die Opfer anzuhören und einen Bericht der Situation zu verfassen, der ihm eine möglichst unabhängige Diagnose ermögliche und ihm einen klaren Einblick gewähre. Wie er dann dem Volk Gottes in seinem Brief sagte, «die Visitation von Monsignore Scicluna und Monsignore Bertomeu führten dazu festzustellen, dass es Situationen gab, von denen wir meinten, sie nicht sehen und hören zu müssen»[5].

Nach der Lektüre der Information, die dem Papst am 20. März übergeben wurde, tat dieser drei Schritte. Der erste bestand darin, «persönlich einige Opfer sexuellen Missbrauchs, des Missbrauchs von Macht und des Missbrauchs im Gewissensbereich zu hören und sie um Verzeihung zu bitten für unsere Sünden und Unterlassungen»[6]. Von diesen Begegnungen führen wir nur die Erklärungen von Opfern an zu dem, was

---

4  J. M. Bergoglio, *Lehre aus der Bedrängnis*, in: *La Civiltà Cattolica 2018, II 209-215.*

5  Franziskus, *Brief an das pilgernde Volk Gottes in Chile,* 31. Mai 2018, n. 3.

6  Ebd., n.6.

für sie der Umgang mit dem Papst bedeutete, und die Äußerungen des Heiligen Vaters, wie sehr er in freudiger Erwartung darauf hofft, dass die Opfer es vielen, vielen Personen glauben, dass sie ihnen helfen wollen, sich zu öffnen und zu zeigen: die «Heiligen des Seiteneingangs», wie der Heilige Vater sie gern nennt[7].

Den zweiten Schritt setzte er am 8. April; damit bestand er darauf, die chilenischen Bischöfe zu einer Versammlung mit ihm nach Rom zu rufen[8]. Die Bischöfe waren im Sitzungssaal 115 a versammelt, und der Papst bat schriftlich «in aller Demut um ihre Mitarbeit und Unterstützung bei der Unterscheidung der Maßnahmen, die sofort, mittelfristig und überhaupt angewendet werden sollen, um die kirchliche Gemeinschaft in Chile wieder herzustellen mit dem Ziel, den Skandal möglichst zu beheben und Gerechtigkeit wieder herzustellen»[9].

Die Begegnung fand am 15. und 16. Mai statt. Am

---

7  Franziskus, *Brief an die Bischöfe von Chile,* 8. April 2018 (nach dem Bericht von Monsignore Charles J. Scicluna).
8  Ebd. – Monsignore Bertomeu, der Monsignore Scicluna bei seiner «Sondersendung» begleitete, unterstreicht die Bedeutung, die diese außergewöhnliche Einberufung eines gesamten Episkopates durch den Papst nicht nur für die Kirche von Chile, sondern für die gesamte Kirche hat (vgl. *Bertomeu sobre encuentro del Papa con obispos: «Wir sind dabei, Geschichte zu machen»*; in: http://www.soychile.cl/Santiago/Internacional/2018/05/17/533919/Bertomeu-sobre-encuentro-del-Papa-con-obispos-Estamos-haciendo-historia.aspx.
9  Vgl. Franziskus, *Brief an die Bischöfe von Chile,* 15. Mai 2018.

15. Mai um 16 Uhr traf der Heilige Vater mit den 34 Bischöfen, die von Chile gekommen waren, in der Audienzhalle Paul VI. zusammen. Nach einer Meditation übergab er jedem Bischof einen zehnseitigen Brief[10] mit den zu behandelnden Punkten und lud sie ein, eine Zeit ausschließlich im Gebet zu verbringen, ehe die folgende Versammlung stattfand, die für Mittwoch, den 16. Mai, nachmittags, angesetzt war.

Am Donnerstag, den 17. Mai, fanden zwei andere Begegnungen statt, in denen der Papst den Bischöfen zuhörte, wie ein jeder von ihnen entsprechend dem, was er beim Beten erfahren hatte, sich äußerte. Am gleichen Tag dankte der Heilige Vater mit einem kurzen Brief[11] für die erfolgte Begegnung.

Am 18. Mai stellten alle Bischöfe in einer Geste der Verfügbarkeit gegenüber dem Heiligen Vater ihr Amt zur Verfügung[12]. Am 31. Mai sandte der Papst einen Brief an das gesamte Volk Gottes, das in Chile unterwegs ist. Am 11. Juni nahm der Heilige Vater den Amtsverzicht des Bischofs von Osorno, Juan Barros, und von zwei anderen Bischöfen entgegen[13]. Am

---

10 Franziskus, *Brief an die Bischöfe von Chile,* 17. Mai 2018.
11 Text der *Erklärung der chilenischen Bischöfe nach ihrer Begegnung mit dem Papst.* Zugänglich in: https://www.translatetheweb.com/from=es&to=de&ref=SERP&dl=de&rr=UC&a=https%3a%2f%2fes.zenit.org%2farticles%2fultima-hora-todos-los-obispos-de-chile-renuncian%2f
12 Franziskus, *Brief an das pilgernde Volk Gottes in Chile* (31. Mai 2018).
13 Der Bischof von Puerto Montt, Cristian Caro, und der Bischof von Valparaiso, Gonzalo Duarte (die aus Altersgründen um den Rücktritt gebeten hatten). Am 28. Juni hat

12. Juni sandte er Monsignore Scicluna neuerdings für acht Tage nach Chile mit dem Ziel, das Umfeld des Drahtziehers von Osorno in Augenschein zu nehmen und konkret den diözesanen Kurien in Chile technischen und juristischen Beistand zu leisten.

In der Messe, die in Osorno am Sonntag, dem 17. Juni, gefeiert wurde, brachte Monsignore Scicluna kniend und begleitet vom neuen Apostolischen Administrator, Jorge Concha, zum Ausdruck: «Papst Franziskus hat mich beauftragt, einen jeden Gläubigen der Diözese Osorno und alle Bewohner dieser Gegend um Verzeihung zu bitten, da sie verletzt und aufs tiefste beleidigt wurden»[14].

Während sich dieser Prozess vollzog – er sollte auf kurze, mittlere und lange Frist fortgeführt werden –, ist das Apostolische Schreiben *Gaudete et exsultate* veröffentlicht worden, unterschrieben am 19. März, dem Fest des heiligen Josef, und offiziell vorgestellt worden am 9. April.

So sehr es nicht angebracht ist, aus einem laufenden Prozess Folgerungen zu ziehen und in dem, was der Papst jeden Tag an überraschenden Initiativen setzen

der Papst die Entlassung von zwei anderen chilenischen Bischöfen vorgenommen: Monsignore Alejandro Goic Karmelic, auch er hatte die Altersgrenze erreicht, Bischof von Rancagua; und Monsignore Horacio del Carmen Valenzuela Abarco, Bischof von Talca.

14 C. Mardones, *LaTercera,* Charles Scicluna bittet am 17. Juni 2018 im Namen des Papstes auf Knien um Verzeihung, in: http://www.latercera.com nacional/noticia/ charles-scicluna-pide-perdon-rodillas-nombre-del-papa /210120/.

kann, mag es doch hilfreich sein, eine Reflexion anzustellen, um aus dieser neuen Weise gemeinsamen
Vorangehens Nutzen zu ziehen und die Wirklichkeit zu
deuten, die der Papst inmitten des gesamten gläubigen
Volkes Gottes vorantreibt.

## Brief der Einbestellung: eine Überzeugung, eine Klarheit, ein Wunsch

Der erste Brief ist ein Aufruf zur Bekehrung. Der
Papst teilt mit seinen Brüdern im Bischofsamt *eine
Überzeugung, eine Klarheit und einen Wunsch*[15]: «Die
*Überzeugung*, dass die gegenwärtigen Schwierigkeiten
auch eine Gelegenheit sind, das Vertrauen in die Kirche
wieder herzustellen, Vertrauen, verspielt durch unsere
Irrungen und die Sünden»; die *Klarheit* dessen, dass
«ohne Glauben und ohne Gebet Geschwisterlichkeit
unmöglich ist»; der *Wunsch* danach, dass «ein jeder
von ihnen mich im inneren Unterwegssein begleite,
wenn ich in die letzten Wochen zurückschaue», wobei
wir den Geist bitten, dass er es sei, der den Prozess
lenke.

Beim aufmerksamen Lesen sehen wir, dass Franziskus an erster Stelle die Aufgabe sieht, das Vertrauen
in die Kirche wiederherzustellen, und dann kommt er auf
die Notwendigkeit zu sprechen, sich von den Sünden zu
bekehren und die Wunden zu heilen. Darin ist seine Ein-

---

15  Vgl. J. M. Bergoglio, *Un'istituzione che vive su carisma*, in:
Ders.: *Nel cuore di ogni padre,* Milano: Rizoli 2014, 36.

schätzung hinsichtlich der Schwere dieses Typs Sünde zu sehen. Es ist Sünde, dass jemand, der verpflichtet ist zu schützen, der Geweihte, den Missbrauch begeht, und dass heilbringendes Umfeld – die hierarchische Kirche – zu verdorbener Umgebung[16] werde. Deshalb ist die Aufgabe so heikel, denn es geht darum, die Kirche und ihre Hirten ebenso zu heilen wie die Opfer. Und deshalb sind die Mittel so radikal, die der Papst ansetzt. Heben wir drei hervor: die Selbstanklage[17], das väterliche Verhalten zu seinen Brüdern, die auch Väter[18] sind, und sich mitten unter das gläubige Volk Gottes als dem gesunden theologischen Ort zu begeben und davon ausgehend zu beginnen, alles Übrige zu heilen. In diesem Punkt bittet Franziskus nicht nur die Bischöfe, dass sie das Volk Gottes insgesamt und allgemein zu Gebet aufrufen, sondern regt auch dazu an, in «herzlicher Demut» die Opfer und

---

16 Vgl. ders., *Lehre aus der Bedrängnis.*
17 Der Papst eröffnet den Weg mit der unerhörten Selbstanklage: «Was mich betrifft, so bekenne ich – und möchte, dass ihr es treu weitergebt –, dass ich schwerwiegende Fehler gemacht habe in der Bewertung und Wahrnehmung der Situation, besonders aus Mangel an wahrhaftiger und ausgewogener Information. Bereits jetzt bitte ich alle um Vergebung, die ich verletzt habe, und ich hoffe, dies in den kommenden Wochen auch persönlich tun zu können in den Treffen, die ich mit Vertretern der befragten Personen plane.»
18 Dies ist der tiefere Sinn des Briefes, in dem derselbe Geist weht, den Bergoglio, angeregt von den Briefen der Generaloberen der Gesellschaft Jesu, aufgenommen hatte. Dieser Geist der Väterlichkeit ist dem Ungeist der Hassrede entgegengesetzt.

jene anzuhören, die ihnen, dem vorzüglichsten Teil des Volkes Gottes, zu Hilfe kommen. Msgr. Scicluna trug 64 Zeugnisse von Opfern des Gewissens- und Machtmissbrauchs und des sexuellen Missbrauchs durch verschiedene Geweihte[19] zusammen.

## Brief zur Unterscheidung im Grundton der Prophetie und Synodalität

Der zweite Brief, datiert mit 15. Mai 2018, – der bedeutendste insofern, dass er den «inneren Weg», den der Papst geht, aufzeigt –, ist die Betrachtung, die er den chilenischen Bischöfen übergibt und ihnen vorschlägt, einen ganzen Tag ihr zu widmen.

Bezeichnend ist die Tatsache, dass der Papst die konkreten Sünden klar und, ohne sie klein zu reden, anspricht, was er in Fußnoten[20] macht. Alles das – sagt

19 So kann man die Kriterien der Unterscheidung im Vollzug sehen, die Bergoglio in seinen Überlegungen dazu führten, aus der Lektüre der *Briefe* Nutzen zu schöpfen, die die Generaloberen der Jesuiten den Ihren zu Zeiten notvoller Bedrängnis schrieben. Vgl. D. Fares, *Gegen den Ungeist der Hassrede*, in: *La Civiltà Cattolica* 2018, II 221-230.

20 In den Anmerkungen 22, 23, 24 und 25 nennt der Papst unverblümt jede Sünde: jeden Missbrauch, nicht nur den geschlechtlichen, sondern auch den von Autorität und Macht; soziale Absonderung, die man vom Seminar an gepflogen hat und die unter die Gläubigen hineingetragen wurde, denen man Aufgaben in Diözesen oder Pfarreien anvertraute; den täglichen Umgang von Ordensleuten, die aufgrund ihres sittenwidrigen Verhaltens mit Min-

Franziskus, indem er sich auf die Sünden und Vergehen bezieht – ist zu verurteilen, und konkrete Personen sind dafür zu bestrafen, doch nicht genug. Der «prophetische Hintergrund» und das «Klima der Kollegialität» fehlt, um eine Unterscheidung der Wurzeln des Übels dieser Sünden machen zu können. Die prophetische Note der Meditation – der Schlüssel, einen angemessenen Zugang zum Problem zu finden[21], ist die Stelle von Johannes dem Täufer, der sagt: *Er muss wachsen, ich aber muss kleiner werden* (Joh 3, 30).

Die Unterscheidung an der Wurzel, die der Papst vollzieht, besteht darin, dass man nicht den Fehler

derjährigen aus ihrem Orden entlassen wurden; die Weise, Anzeigen bagatellisierend zu behandeln, ja sie zu übergehen; Nachforschungen, die verschoben oder nicht durchgeführt wurden, weil sie aufgrund des zu erwartenden Skandals von öffentlichem Interesse waren; Druck auf die Verantwortlichen, Prozesse zu unterlassen, die Vernichtung von Dokumenten durch Verantwortliche kirchlicher Archive; erzieherische Einrichtungen von Seminaristen Priestern anzuvertrauen, die der aktiven Homosexualität verdächtigt wurden.

21 Der Papst stellt fest, dass die angewandte Medizin zur Behandlung der Wunde des Missbrauchs «weniger geholfen, eher deren Schmerz verschärft und vertieft hat, so scheint es». Im Vorwort zur *Lehre aus der Bedrängnis* bemerkte Bergoglio, wie die überwiegende Beschäftigung der Generaloberen der Gesellschaft Jesu angesichts der Bedrängnis, in der die Jesuiten und jene, die an ihren apostolischen Arbeiten Anteil hatten, geraten waren, darin bestand, das Problem gut in den Blick zu bekommen: «Es könnte den Anschein erwecken, als hätten sie befürchtet, dass das bestehende Problem schlecht in den Blick genommen worden sei» (vgl. J. M. Bergoglio, *Lehre aus der Bedrängnis*).

machen dürfe, der Versuchung zu verfallen, «das Problem auf die Schultern der anderen zu schieben» (er zitiert die Geschichte von Jonas, der vom Schiff geworfen wird, um den Sturm zu besänftigen – vgl. Jona 1, 4-16); ebenso müsse man den Versuchungen widerstehen, nicht auf die Wurzel des Übels schauen zu wollen, sich im Rahmen des Problems mit halben Sachen zufrieden zu geben.

Unter dem Titel «Er muss wachsen» erinnert der Papst an die vorzüglichen Hirten, die die Kirche von Chile im Verlauf der Geschichte bekommen hat, an die Gnade, prophetisch Kirche zu sein, und daran, dass die Kirche von Chile dazu fähig war, als sie Jesus in die Mitte gestellt hatte. Sie ist in der Lage gewesen, das Evangelium zu verkünden, Feste zu feiern, Heilige hervorzubringen, Lebensräume für das einfache Volk zu schaffen, Gewalttaten den zivilen Gerichten während der Diktatur von Pinochet anzuzeigen ... Dieser ganze Reichtum an Zärtlichkeit einer heiligen Theresa von den Anden, an der Freude des gläubigen Volkes in seinen Ausdrücken der Volksfrömmigkeit, am prophetischen Blick des heiligen Alberto Hurtado, an der Begleitung der Bischöfe des südlichen Chile zu den Mapuchen, mit dem Gewicht eines Monsignore Silva Henriquez. Franziskus schließt damit, dass «das heilige, geduldige und gläubige Volk Gottes am Leben gehalten wurde durch den Heiligen Geist, der das deutlichste Gesicht prophetischer Kirche ist, die es versteht, seinem Herrn in täglicher Hingabe Mitte zu schenken»[22].

22 Franziskus, *Gaudete et exsultate*, n. 9.

Diese Übung des historischen und dankbaren Erinnerns behandelte der Papst unter dem Titel «Und
ich muss abnehmen», die Sünde des Missbrauchs in
ihren verschiedenen Gestalten aber – wie weiter oben
schon vermerkt – nicht als etwas rein Punktuelles,
das wie ein Vergehen bestraft werden und/oder in der
Beichte vergeben werden könnte. Der Papst trifft eine
Unterscheidung an der Wurzel der Sünde: «Es wäre
von unserer Seite unverantwortlich, *nicht in die Tiefe
zu gehen* und nach den Wurzeln und den Strukturen
zu fragen, die es möglich gemacht haben, dass diese
konkreten Vorfälle immer wieder passierten, als ge-
hörten sie dazu».

Und die Unterscheidung führt dazu, dass die chilenische Kirche ihre prophetische Inspiration verlor und
sich selbst in den Mittelpunkt stellte statt auf Christus
zu schauen und ihn als ihr Zentrum anzusehen: «Sie
hat aufgehört, auf den Herrn zu schauen und sich
nach ihm zu richten, um sich selber zu betrachten und
zum Ziel der Interessen zu machen. Sie lenkte die
Aufmerksamkeit auf sich und vergaß die Erinnerung
an ihren Ursprung und ihre Sendung. So ist sie derart
selbstbezogen geworden, dass alles, was mit diesem
ganzen Vorgang einherging, einen hohen Stellenwert
erhalten hat: *Ihre Sünde verschwand aus dem Zentrum der Aufmerksamkeit.*» (kursiv durch Franziskus)

An dieser Stelle führt Franziskus das grundlegende
Kriterium für diese Unterscheidung ein, das der
«Psychologie der Elite» widerstrebt und das in ei-
nem bedeutenden Teil des chilenischen Klerus über-

handnahm: der springende Punkt von allem und der Anteil und der Ort, den die Hierarchie gegenüber dem gläubigen Volk Gottes einnahm. «Dieses Bewusstsein von Begrenztheit und Teilhaftigkeit, die wir innerhalb des Volkes Gottes einnehmen, bewahrt uns vor der Versuchung und dem Ansinnen, *alle* Plätze einnehmen zu wollen, insbesondere einen Ort, der nicht zu uns passt, den des Herrn».

Es ist auch bezeichnend, dass das Wort Synodalität am Ende des Briefes auftaucht; er schließt damit, dass er dem Mechanismus des «Sündenbocks» die Verantwortlichkeit eines «gemeinsamen Schuldbekenntnisses» angesichts eines Problems gegenüberstellt, «das wir nur lösen können, wenn wir es gemeinsam in Synodalität annehmen», wenn es um Synodalität geht, die die gemeinsame Sünde bekennt, eine Synodalität, die Erbarmen gefunden hat und durch Berufung prophetisch geworden ist[23]. Mit diesem Verweis auf Prophetisches und Synodales schließt der Papst: «Bleiben wir untereinander verbunden, um zu unterscheiden, nicht um zu diskutieren».

---

23  Vgl. Franziskus, *Begegnung mit Priestern, Ordensleuten, Geweihten und Seminaristen* (Kathedrale von Santiago de Chile, 16. Januar 2018), in http://http://w2.vatican. va/content/francesco/de/speeches/2018/january/documents/papa-francesco_20180116_cile-santiago-religiosi. html.

# Brief der Danksagung und der Einladung

Zusammen mit der Erklärung der chilenischen Bischöfe, die ihr Amt dem Heiligen Vater zur Verfügung stellten, wurde der Brief veröffentlicht, den der Papst am Ende der Begegnung[24] den Bischöfen übergab. Darin *bedankt sich* der Heilige Vater bei ihnen, dass sie die Einladung angenommen hatten, zusammen eine «freimütige Unterscheidung» anzustellen, um sich an den Maßnahmen und Wegen zu beteiligen, die man zu treffen und zu gehen habe, und *unterstrich* neuerdings die Schwere der Dinge, hob hervor, «wie die Bischöfe einmütig im festen Entschluss übereingekommen sind, die verursachten Schäden wieder gutzumachen», und *trug* ihnen «die Errichtung einer prophetischen Kirche *auf*, die es verstehe, das Wichtige in die Mitte zu stellen: den Dienst für den Herrn in seinem Hunger, in seiner Gefangenschaft, auf der Flucht, im Missbrauch.»

Als die Bischöfe von Chile «ihr Amt in die Hände des Heiligen Vaters legten[25], damit der völlig frei entscheide im Hinblick auf jeden einzelnen von ihnen», wollten sie «eine kollegiale und solidarische Geste setzen, um – nicht ohne Schmerz – die schwerwiegenden Tatbestände, die vorgekommen waren, anzunehmen und dass der Heilige Vater frei über uns alle verfügen könne»[26].

24 Franziskus, *Brief an die Bischöfe von Chile,* 17. Mai 2018.
25 Vgl. *Erklärung der Bischöfe der Bischofskonferenz von Chile,* Rom 18. Mai 2018, vgl. Anm. 11 dieses Abschnittes.
26 Ebd.

## Brief mit dem Aufruf an das heilige, Gott getreue Volk

Zu Beginn und am Ende des Briefes bringt der Papst zum Ausdruck, dass sein Aufruf, wie er in *Gaudete et exsultate* sagt, an das Volk Gottes kein funktionaler Rekurs noch eine billige Geste guten Willens sei: Im Gegenteil, der Papst wünscht es, «dass die Dinge an ihren ganz und gar richtigen Ort zu stehen kommen und da zu thematisieren sind». Dieser genaue und wertvolle theologische Ort ist «die Würde und Freiheit der Kinder Gottes, in deren Herzen der Heilige Geist wie in einem Tempel wohnt»[27].

Euch anzurufen, so sagt der Papst zu ihnen, «bedeutet die Salbung aufzurufen, die ihr als Volk Gottes besitzt»[28]. Er bittet, dass sie die Salbung sich nicht nehmen lassen dürfen und dass sie nicht inne halten, Protagonisten zu sein: «mit euch zusammen können die nötigen Schritte für eine Erneuerung und Bekehrung der Kirche getan werden, dass sie gesunde und lange lebe»[29]. Und er fordert sie auf, kreativ zu sein und das zu sagen, was sie fühlen und denken, und bei allem immer Jesus Christus in die Mitte zu stellen[30].

Die Salbung des Geistes, die der Papst anspricht, prägt dem Volk Gottes ein Merkmal ein: Er gibt ihm eine dynamische Identität, die es inklusiv macht. Das ist

---

27 Franziskus, *Brief an das pilgernde Volk Gottes in Chile,* n. 1.
28 Ebd., n. 6.
29 Ebd., n. 7.
30 Vgl. ebd., n. 1.

die Theologie des Volkes Gottes nach *Lumen gentium.* Und der *Katechismus* sagt, dass «das Volk Gottes Besonderheiten aufweist, die es von allen Religions- und Volksgruppen, von allen politischen und kulturellen Gruppen der Geschichte unterscheidet»[31]. Zugleich bewirkt diese Identität, dass sie «tatkräftig und stetig danach strebt, die ganze Menschheit mit all ihren Gütern unter dem Haupt Christus zusammenzufassen in der Einheit seines Geistes» (II. Vatikanisches Konzil, *Lumen gentium,* 13)[32]. Wenn also der Papst vom Volk Gottes spricht, redet er davon inklusiv: vom Volk, das aus Schafen und Hirten besteht[33], und vom Volk, das offen ist für alle Völker.

Diese dynamische Salbung – mit einer «volkstümlichen Dynamik», wie es in *Gaudete et exsultate* heißt –, in die «Gott eintreten möchte»[34] –, muss in «konkreten Vermittlungen offenkundig werden»[35]. Der Papst fordert das Volk Gottes auf, sich ein Herz zu nehmen und seinen Hirten zu sagen: «das gefällt mir», «diesen Weg, scheint mir, müssen wir gehen», «das geht nicht». Und unsere Hirten ermahnt er, zu

---

31 *Katechismus der Katholischen Kirche,* n. 782.
32 Ebd., n. 831.
33 Vgl. Franziskus, *Brief an das pilgernde Volk Gottes in Chile,* n. 5.
34 Franziskus, *Gaudete et exsultate,* n. 6. «Es ist eine ‹wirksame Salbung›, ein für immer bleibendes ‹Siegel› als positive Disposition für die Gnade, Verheißung und Garantie des göttlichen Schutzes, gleichsam eine Berufung zum göttlichen Kult und zum Dienst an der Kirche», in: *Katechismus der Katholischen Kirche,* n. 1121.
35 Franziskus, *Brief an das pilgernde Volk Gottes in Chile,* n. 1.

lernen und zu hören. Denn die Fragen unseres Volkes, seine Ängste, seine Auseinandersetzungen, seine Träume, sein Ringen, seine Vorlieben haben einen hermeneutischen Wert[36].

Wenn der Papst von der Unfehlbarkeit des gläubigen Volkes Gottes in Glaubensfragen spricht, denkt er dabei mehr an die Seufzer des Geistes im Innern der Opfer, die mit dem Kreuz beladen sind, an die am stärksten Verwundeten des gläubigen Volkes Gottes als an theoretische Formulierungen des Glaubens. Hier ist «der Sitz Gottes, den nur die Armen und Einfältigen zu erkennen vermögen»[37], das möchte der Papst hervorheben.

Ausgehend von der Anerkennung der eigentlichen Opfer durch die wohltuende Gegenwart Gottes in der Gestalt von Personen, die ihnen «im Verborgenen» helfen, kann man beginnen, die Wunden, die andere im verborgen geschehenen Missbrauch zugefügt haben, zu heilen. Das entscheidende Kennzeichen dieser Heiligkeit sind die Seligpreisungen, beginnend mit der, die von denen redet, «die weinen können mit den übrigen und nach Gerechtigkeit Hunger und Durst haben, die schauen und Erbarmen walten lassen»[38]. Das ist das Thema, das das ganze Apostolische Schreiben *Gaudete et exsultate* über den universalen Ruf zur Heiligkeit strukturierend durchzieht.

---

36 Vgl. Franziskus, *Gaudete et exsultate,* n. 44.
37 Paul VI., *Evangelii nuntiandi,* n. 48.
38 Vgl. Franziskus, *Brief an das pilgernde Volk Gottes in Chile,* n. 6. Vgl. *Gaudete et exsultate,* nn. 76, 79, 82.

## Eine neue Praxis, eine neue Hermeneutik

Ausgehend vom Weg, auf dem eben der Papst und das gläubige Volk Gottes, das in Chile mit seinen Hirten unterwegs ist, können wir einige Folgerungen ziehen hinsichtlich der Vision von einer Kirche, in die wir gerufen sind, ihr anzugehören. Die Worte des Papstes Franziskus aufgreifend, stehen wir vor der Einladung, uns zu beteiligen, suchend auf dem Weg zu sein und überall an einer prophetischen Kirche zu bauen: verwundet, aber synodal, hoffnungsstark[39].

Der prophetische Charakter dieser Kirche besteht an erster Stelle «im täglichen Schweigen» des gläubigen Volkes Gottes, das «die Salbung des Geistes»[40] empfangen hat, und ist somit das, was mit «trotziger» Hoffnung gemeint ist, dass der Herr uns im Leiden nicht verlässt. «In diesem gläubigen und schweigenden Volk – bekräftigt der Papst – sitzt das Immunsystem der Kirche»[41].

Diese Salbung des Geistes, «der weht, wo er will»[42], bringt eine neue Praxis und eine neue Hermeneutik auf den Weg, aus denen eine neue Weise, theologisch zu reflektieren, hervorgeht, um Nutzen zu schöpfen, nicht um «in Wortspielereien und sophistischen Diagnosen

---

39  Vgl. Franziskus, *Brief an die Bischöfe von Chile,* 8. April 2018, Einführung und Schluss, *Brief an die Bischöfe von Chile,* 15. Mai 2018; *Brief an das pilgernde Volk Gottes in Chile,* Einführung und n. 7.

40  Franziskus, *Brief an das pilgernde Volk Gottes in Chile,* n. 2.

41  Ebd., n.1.

42  Ebd., Einführung, nn. 1, 2, 5, 6.

sich zurückzulehnen»[43] und dem Schmerz nicht ins Gesicht schauen zu müssen.

*Die neue Praxis* ist eine «neue Weise des Vorangehens»[44], angeregt vom Geist: ohne den Schmerz zu ignorieren, den Konflikt zu sehen und anzunehmen, zuzuhören – Nicht-hören hindert ja daran, einen Weg zu gehen –, im Anerkennen von Grenzen – tut man das nicht, kann man nicht vorankommen – bis zu einer Kultur der Sorge und des Schutzes, verbunden mit allen Handlungen, aus denen gesellschaftliche Realität entsteht, im Anerkennen der wirksamen Kraft des Geistes in allen Lebenslagen. Ohne diese Sicht – betont der Papst – würden wir mitten auf dem Weg stehen bleiben und in eine perverse Logik geraten. Somit immerzu ein Unterwegssein, aber ein synodales im eigentlichen Sinn des Wortes.

*Die neue Hermeneutik* nimmt das Prinzip der Menschwerdung ernst und behauptet, dass die Lehre (oder besser unser Verständnis von ihr und dessen Ausdruck) «kein geschlossenes System ist, aus dem alle Dynamik herausgefiltert sei, die in der Lage ist, Fragesteller aufkommen zu lassen, Zweifel, fragwürdige Bereiche zu akzeptieren»[45], ja «die Fragen unseres Volkes, seine Nöte, seine Konflikte, seine

43  Ebd., n. 1.
44  Vgl. ebd., n. 2.
45  Der Papst zitiert Franziskus, *Gaudete et exsultate,* n. 44, Franziskus, *Evangelii gaudium,* n. 40 und II. Vatikanisches Konzil, *Dei Verbum,* n. 12, die davon handeln, dass die Aufgabe der Exegeten darin bestehe, «das Urteil der Kirche reifen zu lassen», indem sie sagen, wie sehr das Volk Gottes zu dieser Reifung beiträgt.

Träume, sein Ringen, seine Vorlieben besitzen einen hermeneutischen Wert, den wir nicht übersehen dür-fen»[46], wenn dem so ist, dass wir keine leblosen Strukturen schaffen wollen[47].

«Kirche im Aufbruch sein» – sagt der Papst – «bedeutet auch, sich helfen zu lassen und Zwischenrufe zuzulassen»[48] durch den Geist, der ergänzt, wo es nötig ist. So gesehen bringt diese neue Weise des Unterwegsseins eine neue Sicht zu Tage. «Nie kann – so sagt Franziskus – ein Individuum oder eine erleuchtete Gruppe behaupten, die Gesamtheit des Volkes Gottes zu sein, noch weniger sich für die authentische Stimme ihrer Auslegung zu halten. In diesem Sinne müssen wir auf das achten, was mich von der ‹Psychologie der Elite› reden lässt, die sich auf unsere Weise, die Fragen anzugehen, übertragen lässt»[49].

Weit entfernt von dieser Psychologie der Elite meint der Papst das, was ihm als Seelsorger zugewachsen ist: «Lernt entdecken, dass die Seelsorge beim einfachen Volk einer von den wenigen Räumen ist, in dem das Volk Gottes dem Einfluss des Klerikalismus entzogen ist, der immer zu kontrollieren und die Salbung Gottes auf sein Volk in den Griff zu bekommen versucht.» Und er mahnt uns, «das Herz unseres Volkes zu hören und im selben Akt das Herz Gottes»[50].

---

46 Franziskus, *Brief an das pilgernde Volk Gottes in Chile,* 31. Mai 2018, n. 5.
47 Vgl. ebd., n.1.
48 Ebd., n. 5.
49 Franziskus, *Brief an die Bischöfe von Chile,* 15. Mai 2018.
50 Franziskus, *Brief an das pilgernde Volk Gottes in Chile,* 31. Mai 2018, n. 5.

# FRANZISKUS
# Briefe an die Kirche von Chile

## BRIEF AN DIE BISCHÖFE VON CHILE
*(8. April 2018)*

Liebe Brüder im Bischofsamt,

in der vergangenen Woche habe ich die letzten Dokumente empfangen, die den Bericht ergänzen, den mir meine beiden Sondergesandten in Chile am 20. März 2018 überreicht haben und der insgesamt über 2.300 Seiten umfasst. Das veranlasst mich, Euch diesen Brief zu schreiben. Ich versichere Euch meines Gebets und möchte mit Euch die Überzeugung teilen, dass die gegenwärtigen Schwierigkeiten auch eine Gelegenheit sind, das Vertrauen in die Kirche wiederherzustellen – ein Vertrauen, das durch unsere Fehler und Sünden zerstört wurde – und die Wunden zu heilen, die in der Gesamtheit der chilenischen Gesellschaft nicht aufhören zu bluten. Ohne den Glauben und ohne das Gebet ist die Brüderlichkeit unmöglich. Daher unterbreite ich Euch an diesem 2. Sonntag der Osterzeit, dem Barmherzigkeits-Sonntag, diese Reflexion mit dem Wunsch, dass jeder von Euch mich begleiten möge auf dem inneren Weg, den ich in den letzten Wochen beschreite, auf dass der Heilige Geist uns mit seiner Gabe leiten möge, und nicht unsere Interessen oder, noch schlimmer, unser verletzter Stolz.

Manchmal, wenn solche Übel unsere Seele zerbrechen und uns mutlos, erschrocken und in unsere bequemen »Winterpaläste« verschanzt der Welt aussetzen, dann kommt die Liebe Gottes uns entgegen und läutert unseren Willen, um als freie, reife und kritische Menschen zu lieben. Wenn die Kommunikationsmittel uns beschämen, indem sie eine Kirche präsentieren, die fast immer im Neumond steht, der Sonne der Gerechtigkeit beraubt (vgl. Ambrosius, *Hexameron* IV, 8,32), und wir versucht sind, am österlichen Sieg des Auferstandenen zu zweifeln, dann glaube ich, dass wir wie der heilige Thomas nicht den Zweifel fürchten müssen (vgl. Joh 20,25), sondern die Anmaßung, sehen zu wollen, ohne dem Zeugnis derer zu vertrauen, die aus dem Mund des Herrn die schönste Verheißung vernommen haben (vgl. Mt 28,20). Heute möchte ich nicht über Gewissheiten zu Euch sprechen, sondern über das Einzige, das der Herr uns jeden Tag erfahren lässt: die Freude, den Frieden, die Vergebung unserer Sünden und das Wirken seiner Gnade.

In diesem Zusammenhang möchte ich dem Erzbischof von Malta, Charles Scicluna, sowie dem Beamten der Kongregation für die Glaubenslehre, Hochwürden Jordi Bertomeu Farnos, meine Dankbarkeit zum Ausdruck bringen für ihren enormen Einsatz, ruhig und einfühlsam die 64 Zeugenaussagen anzuhören, die sie in jüngster Zeit sowohl in New York als auch in Santiago de Chile gesammelt haben. Ich habe sie gesandt, von Herzen und mit Demut zuzuhören. Später, als sie mir den Bericht und insbesondere ihre rechtliche und pastorale

Bewertung der gesammelten Informationen übergeben haben, haben sie mir gegenüber bekannt, dass sie sich bedrückt fühlten durch den Schmerz der vielen Opfer schwerwiegenden Missbrauchs des Gewissens und der Macht und insbesondere des sexuellen Missbrauchs Minderjähriger durch verschiedene geweihte Personen Eures Landes, der seinerzeit geleugnet wurde und ihnen sogar die Unschuld geraubt hat.

Denselben tief empfundenen und herzlichen Dank müssen wir als Hirten jenen zum Ausdruck bringen, die mit Aufrichtigkeit, Mut und kirchlichem Bewusstsein um eine Begegnung mit meinen Gesandten gebeten und ihnen die Wunden ihrer Seele gezeigt haben. Erzbischof Scicluna und Hochwürden Bertomeu haben mir berichtet, dass einige Bischöfe, Priester, Diakone sowie Männer und Frauen im Laienstand aus Santiago und Osorno sich mit überwältigender Reife, Achtung und Liebenswürdigkeit in die Pfarrei «Holy Name» in New York sowie in die Niederlassung von «Sotero Sanz» in Providencia begeben haben. Andererseits gaben die Tage nach besagter Sondermission Zeugnis von einer weiteren verdienstvollen Tatsache, die wir uns bei anderen Gelegenheiten gut vor Augen halten müssen: Es wurde nicht nur die vertrauensvolle Atmosphäre bewahrt, die während der Visitation erlangt wurde, sondern man ist in keinem Augenblick der Versuchung erlegen, diese heikle Mission zu einem Medienspektakel zu machen. Diesbezüglich möchte ich den verschiedenen Organisationen und Kommunikationsmitteln für ihren professionellen Umgang mit diesem so schwierigen Fall danken, da sie das Recht der Bürger auf Information und den guten Ruf der Aussagenden geachtet haben.

Jetzt, nach einer aufmerksamen Lektüre der Protokolle dieser »Sondermission«, glaube ich sagen zu können, dass alle in ihnen gesammelten Zeugnisse nüchtern, ohne Zusätze oder Verharmlosungen, von vielen gekreuzigten Leben sprechen, und ich bekenne euch, dass dies mir Schmerz und Scham bereitet. Im Hinblick auf all diese Dinge schreibe ich Euch, die Ihr zu Eurer 115. Vollversammlung zusammengekommen seid, um demütig um Eure Zusammenarbeit und Euren Beistand zu bitten, um kurz-, mittel- und langfristige Maßnahmen zur Wiederherstellung der kirchlichen Gemeinschaft in Chile zu finden, mit dem Ziel, den Skandal soweit wie möglich wiedergutzumachen und die Gerechtigkeit wiederherzustellen.

Ich möchte Euch nach Rom einberufen, um über die Schlussfolgerungen der erwähnten Visitation sowie über meine eigenen Schlussfolgerungen zu sprechen. Ich stelle mir die besagte Begegnung als brüderlichen Augenblick vor, ohne Vorurteile oder vorgefasste Ideen, einzig mit dem Ziel, die Wahrheit in unserem Leben wieder erstrahlen zu lassen. Bezüglich des Termins beauftrage ich den Sekretär der Bischofskonferenz, mir die Möglichkeiten zukommen zu lassen. Was mich betrifft, so bekenne ich – und möchte, dass Ihr es treu weitergebt –, dass ich schwerwiegende Fehler gemacht habe in der Bewertung und Wahrnehmung der Situation, besonders aus Mangel an wahrhaftiger und ausgewogener Information. Bereits jetzt bitte ich alle um Vergebung, die ich verletzt habe, und ich hoffe, dies in den kommenden Wochen auch persönlich tun zu können in den Zusammenkünften, die ich mit Vertretern der befragten Personen abhalten werde.

*Bleibt in mir* (Joh 15,4): Diese Worte des Herrn erklingen ein ums andere Mal in diesen Tagen. Sie sprechen von persönlichen Beziehungen, von Gemeinschaft, von Brüderlichkeit, die anzieht und zusammenruft. Mit Christus vereint wie die Reben am Weinstock lade ich euch ein, in Euer Gebet in den nächsten Tagen eine Großherzigkeit hineinzunehmen, die uns auf die erwähnte Begegnung vorbereitet und es später gestatten wird, die Dinge, über die wir nachgedacht haben, in konkrete Taten umzusetzen. Vielleicht wäre es sogar angemessen, die Kirche in Chile in einen Zustand des Gebets zu versetzen. Heute dürfen wir weniger denn je in die Versuchung geraten, zu viele Worte zu machen oder bei »Allgemeinheiten« zu bleiben. Blicken wir in diesen Tagen auf Christus. Blicken wir auf sein Leben und seine Gesten, vor allem dort, wo er sich mitfühlend und barmherzig zeigt mit jenen, die Fehler gemacht haben. Lieben wir die Wahrheit, bitten wir um die Weisheit des Herzens und lassen wir uns bekehren.

In Erwartung Eurer Nachricht und mit der Bitte an Bischof Santiago Silva Tetamales, den Präsidenten der Chilenischen Bischofskonferenz, das vorliegende Schreiben schnellstmöglich zu veröffentlichen, erteile ich Euch meinen Segen und bitte Euch, nicht aufzuhören, für mich zu beten.

# BRIEF AN DIE BISCHÖFE VON CHILE
*(15. Mai 2018)*

Liebe Brüder im Bischofsamt,

am vergangenen 8. April, dem Sonntag der Barmherzigkeit, schickte ich euch einen Brief, mit dem ich euch
nach Rom einberufen habe, um über die Folgerungen
aus der Visitation, die durch die «Sondermission» durchgeführt wurde und den Auftrag hatte zu helfen, in
passender Weise eine offene, schmerzliche und komplexe
Wunde ins Licht zu stellen, die seit langem unaufhörlich
im Leben so vieler Personen und daher im Leben des
Volkes Gottes blutet. Eine Wunde, die bislang mit einer
Medizin behandelt wurde, die, weit davon entfernt zu
heilen, ihre Schwere und ihren Schmerz vertieft zu
haben scheint.

Anerkennend erwähnen wir, dass man in verschiedenen
Aktionen Versuche unternommen hat, den Schaden und
das damit verbundene Leid wiedergutzumachen; doch
wir sind der Meinung, dass der eingeschlagene Weg der
Bewusstmachung nicht viel für das Heilen und Versorgen
gebracht hat. Vielleicht wollte man versuchen, schnell zu
etwas anderem weiterzugehen, ohne sich den unzähligen
Verzweigungen dieses Übels zuzuwenden; oder man
hatte nicht den Mut, sich den Verantwortlichkeiten,
den Unterlassungen und insbesondere der Dynamik zu
stellen, die es ermöglicht hat, dass Wunden geschlagen
wurden und belassen wurden; vielleicht weil man nicht
in Stimmung war, als gesellschaftliches Gebilde diese
Wirklichkeit anzugehen, in die wir alle, ich als Erster,

verwickelt sind und woraus niemand sich heraushalten kann, indem er das Problem auf andere Schultern schiebt; oder weil man dachte, man könne weitergehen, ohne demütig und verbindlich anzuerkennen, dass im gesamten Vorgang Irrtümer unterlaufen sind.

Im Zuge solcher Überlegungen bildete ich eine spezielle Kommission, die die Äußerung von verschiedenen Personen hören und die Fortdauer der Wunde feststellen sollte, damit in großer Freiheit des Geistes, juridisch und technisch sauber, eine möglichst unabhängige Diagnose erstellt werden und ein klares Bild von den vergangenen Vorgängen und dem aktuellen Zustand der Situation geboten werden könne.

Diese Zeit, die sich uns anbietet, ist eine Zeit der Gnade. Eine Zeit, um unter dem Antrieb des Heiligen Geistes und in einem Klima der Kollegialität die nötigen Schritte setzen zu können und über das, was derselbe Geist von uns verlangt, ins Gespräch zu kommen. Wir haben einen Wandel nötig, das wissen wir, wir haben ihn nötig und lechzen danach. Das schuldet man nicht nur unseren Gemeinschaften und den vielen Personen, die leiden mussten und in ihrem Fleisch die hervorgerufenen Schmerzen erleiden, sondern der Geist der Bekehrung gehört auch zur Sendung und zur Identität der Kirche. Lassen wir es zu, dass diese Zeit zu einer Zeit der Bekehrung werde.

*Er muss wachsen, ich aber muss kleiner werden* (Joh 3,30). Mit diesen Worten sprach der letzte der großen Propheten, Johannes der Täufer, zu seinen Jüngern, als sie entrüstet ihn darauf aufmerksam machten, dass es da einen gebe, der dasselbe tue. Johannes wusste wohl um seine Identität und Sendung, war aber nicht der Messias, wohl aber der, der vor ihm geschickt wurde (vgl. Joh 3,28), und zögerte nicht, eine klare Antwort ohne jegliches Anzeichen von Zweideutigkeit zu geben. Mit diesem Hintergrund der Prophetie und angeregt von den Worten dieses Propheten möchte ich den «Ausgangspunkt» für die brüderliche Reflexion mit Ihnen während dieser Tage angeben.

*Er muss wachsen ...*

Vielleicht gibt es keine größere Freude für den Gläubigen, als Jesus und sein Reich mit anderen zu teilen, zu bezeugen und sichtbar zu machen. Die Begegnung mit dem Auferstandenen verändert das Leben und macht, dass der Glauben froh, ja «ansteckend» wird. Das ist Saatgut des Himmelreiches, da es von sich aus dazu drängt, sich mitzuteilen, sich zu vervielfachen und uns wie einst Andreas veranlasst, zu unseren Brüdern zu gehen und zu sagen: *Wir haben den Messias gefunden* (Joh 1,41), einen Messias, der uns immer Lebenshorizonte eröffnet und Hoffnung schenkt. Der Jünger lässt sich für dieses Abenteuer gewinnen, in Verbindung mit dem Wirken des Heiligen Geistes das neue Leben, das Jesus uns anbietet, wachsen und sich ausbreiten zu lassen. Dieses Wirken können wir nicht und nie gleichsetzen mit Proselitismus oder der Eroberung von Räumen, wohl aber als freudige Einladung zu neuem Leben verstehen, das Jesus uns schenkt. «Es ist nötig, dass er wachse» ist das, was im Herzen des Jüngers schlägt, weil er die Erfahrung macht, das Jesus Christus das Angebot für ein gutes Leben ist. Allein er ist fähig zu heilen.

Die Kirche in Chile weiß darum. Die Geschichte sagt es uns, dass sie es verstand, Mutter zu sein, die viele für den Glauben geboren und aufgezogen hat, das neue Leben des Evangeliums ankündigte und dafür kämpfte, als sie sich bedroht sah. Eine Kirche, die es verstand, «Widerstand» zu leisten, als die Würde ihrer Söhne nicht respektiert oder einfach übergangen wurde. Weit davon entfernt, sich in die Mitte zu stellen und danach zu trachten, die Mitte zu sein, verstand es die Kirche, jene zu sein, die den Bedeutenden in die Mitte stellte. In dunklen Stunden des Lebens ihres Volkes hatte die Kirche in Chile den prophetischen Mut, nicht nur die Stimme zu erheben, sondern auch dazu aufzurufen, dass man Räume zur Verteidigung der Männer und Frauen schaffe, für die der Herr ihr aufgetragen hatte zu wachen; sie wusste sehr wohl, dass man das neue Gebot der Liebe nicht ausrufen kann, ohne mittels Gerechtigkeit und Frieden wahres Wachsen jeder Person zu fördern[1]. Somit können wir von der prophetischen Kirche sprechen, die es versteht, das gute Leben, das der Herr anbietet, zu zeugen und zu entfalten.

*Eine prophetische Kirche, die Jesus in die Mitte zu stellen weiß, ist in der Lage,* in der Herzlichkeit einer Teresa von den Anden im Blick auf den Meister *zu evangelisieren* und zu behaupten: «Fürchtest du, dich ihm zu nähern? Sieh

---

1 Vgl. Paul VI., *Evangelii nuntiandi*, n. 29.

ihn inmitten seiner treuen Herde, deren verlaufenes Schaf er auf seine Schultern nimmt. Sieh ihn am Grab des Lazarus. Und hör doch, was er Magdalena sagt: Viel wurde ihr vergeben, weil sie viel geliebt hat. Was entdeckst du in diesen Spuren des Evangeliums anderes als ein liebenswürdiges, zartes Herz, voll Mitleid, letztlich das Herz eines Gottes»[2]?

*Eine prophetische Kirche, die es versteht, Jesus in die Mitte zu stellen, ist in der Lage, ein Fest zu feiern* aus Freude daran, dass das Evangelium herausfordert. Wie es in Iquique sichtbar wird, was jedoch auf so viele Orte vom Norden bis zum Süden Chiles ausgeweitet werden kann, ist die Volksfrömmigkeit einer der größten Reichtümer, die das Volk Gottes zu pflegen verstand. Mit seinen Patronatsfesten, mit seinen religiösen Tänzen, die über Wochen in die Länge gezogen werden, mit Musik und Gewändern erreichen sie es, so große Zonen in Heiligtümer der Volksfrömmigkeit zu verwandeln. Es gibt nämlich keine Feste, die im Tempel eingeschlossen bleiben, sondern sie verstehen es, das gesamte Volk in Festkleider zu stecken[3]. So entsteht ein Gefüge, fähig, froh und hoffnungsvoll die Gegenwart Gottes inmitten des Volkes zu feiern. In den Heiligtümern lernen wir, ein kirchliches Umfeld zu schaffen, eine Kirche des Hörens, die es versteht, ein Leben, so wie es sich anbietet, zu er-

---

2   Santa Teresa de los Andes, *Diarios y cartas,* 373; 376.
3   Vgl. Franziskus, *Homilie in der heiligen Messe zu Ehren unserer Lieben Frau auf dem Berg Karmel und Gebet für Chile* (Campus Lobito-Iquique, 18. Januar 2018) in: http://w2.vatican.va/content/francesco/de/homilies/2018/documents/papa-francesco_20180118_omelia-cile-iquique.html.

spüren und zu teilen. Eine Kirche, die gelernt hat, dass der Glaube allein im Austausch sich weitergeben lässt, und so «die Vaterschaft, die Vorsehung, die liebevolle und verlässliche Gegenwart Gottes» singend und tanzend zu feiern ist[4].

*Eine prophetische Kirche, die es versteht, Jesus in die Mitte zu stellen, ist in der Lage,* einen Menschen *zur Heiligkeit* zu führen, der es versteht, durch sein Leben auszurufen: «Christus geht durch unsere Straßen in der Person von so vielen Armen, Kranken, Entwurzelten, die ihre erbärmlichen Hütten aufgeben mussten. Christus, hingekauert unter den Brücken in der Person von so vielen Kindern, die keinen haben, zu dem sie Vater sagen können, die seit vielen Jahren den Kuss der Mutter auf die Stirn entbehren müssen! ... Christus hat keinen Ort! Spüren wir in uns nicht das Verlangen, ihm unseren Ort zu geben? ... ‹Das, was ihr dem Geringsten meiner Brüder getan habt, das habt ihr mir getan›, hat Jesus gesagt»[5]. «Wenn wir wirklich von der Betrachtung Christi ausgegangen sind, halten wir uns daran, dass wir ihn zu entdecken wissen vor allem im Angesicht jener, mit denen er sich selbst identifizieren wollte»[6].

*Eine prophetische Kirche, die es versteht, Jesus in die Mitte zu stellen, ist fähig, dazu aufzurufen, Lebensräume zu schaffen,* in denen das Leben der verschiedenen Völker be-

---

4   Paul VI., *Evangelii nuntiandi*, n. 48; CELAM, *Puebla*, 400. 454; CELAM, *Aparecida*, nn. 99h; 262-265; Franziskus, *Evangelii gaudium*, n. 122.

5   San Alberto Hurtado, *Cristo non ha dimora*, meditazione in un ritiro per donne, 16 ottobre 1944.

6   Johannes Paul II., *Novo millennio ineunte*, n. 49.

gleitet und verteidigt wird, die ihr weites Umfeld gestalten, wobei sie einen multikulturellen und ethnischen Reichtum ohnegleichen feststellt, der zu schützen ist. Als Beispiel erwähne ich die Initiativen, die insbesondere von den Bischöfen von Süd-Chile in den 1960er Jahren unterstützt wurden; die notwendigen Mechanismen wurden vorangetrieben, damit das Volk Mapuche seine Lebensart voll entfalten könne – davon können wir so viel lernen. Starke Aktionen, durch die zugunsten der Verteidigung des Lebens Strukturen geschaffen wurden, was zu einem verantwortlichen Protagonismus für einen inkarnierten und verändernden Glauben einlädt; dieser Glaube, der es versteht, ein Leben zu führen, das den Erwartungen des Konzils entspricht, und uns daran erinnert, dass «Freude und Hoffnung, Trauer und Angst der Menschen von heute, besonders der Armen und Bedrängten aller Art, auch Freude und Hoffnung, Trauer und Angst der Jünger Christi sind. Und es gibt nichts wahrhaft Menschliches, das nicht in ihren Herzen seinen Widerhall fände»[7].

*Eine prophetische Kirche, die es versteht, Jesus wirklich in die Mitte zu stellen, ist fähig* – wie es einer von euren Hirten uns zu zeigen verstand – zu «gestehen, dass es in unserer persönlichen Geschichte und in der Geschichte unseres Chile Ungerechtigkeit, Lüge, Hass, Schuld, Gleichgültigkeit gegeben hat. [Und ich lud sie ein], aufrichtig, demütig zu sein und dem Herrn zu sagen: Wir haben gegen dich gesündigt! Gegen unseren Bruder sündigen, gegen diesen Mann und diese Frau, kommt dem gleich, gegen

---

7   II. Vatikanisches Konzil, *Gaudium et spes*, n. 1.

Christus zu sündigen, der für alle Menschen starb und auferstanden ist. Seien wir aufrichtig, demütig! Gegen dich habe ich gesündigt! Deinem Evangelium habe ich den Gehorsam versagt!»[8]. Das Gewissen, das um seine Grenzen und Sünden weiß, warnt vor der Versuchung, seinen Herrn zu ersetzen.

Und so könnten wir fortfahren im Aufzählen vieler belebender Anregungen der prophetischen Kirche, die es versteht, Jesus ins Zentrum zu stellen. Doch die viel größere und wirklich belebende Einladung – wie ich das im jüngsten apostolischen Schreiben, in dem ich an Edith Stein erinnerte, herauszustreichen versuchte – erwächst aus dem Vertrauen und der Überzeugung, dass «aus der dunkelsten Nacht die größten Propheten – Heiligengestalten hervortreten. Aber zum großen Teil bleibt der gestaltende Strom des mystischen Lebens unsichtbar. Sicherlich werden die entscheidenden Wendungen in der Weltgeschichte wesentlich mitbestimmt durch Seelen, von denen kein Geschichtsbuch etwas meldet. Und welchen Seelen wir die entscheidenden Wendungen in unserem persönlichen Leben verdanken, das werden wir auch erst an dem Tage erfahren, an dem alles Verborgene offenbar wird»[9]. Das heilige Volk Gottes der Gläubigen folgt dem mit seinem täglichen Schweigen in vielen Formen und Weisen, indem es mit «trotziger» Hoffnung sichtbar macht und bezeugt, dass der Herr nicht im Stich lässt, dass

8    Silva Henriquez, *Reconciliación de los chilenos,* omelia alla conclusione dell'Ano Santo, 24 novembre de 1974.

9    Edith Stein, *Verborgenes Leben und Epiphanie,* in: Edith Stein Gesamtausgabe, Bd. 11/12, Freiburg: Herder 2006,145.

er die andauernde Übergabe unterstützt und an so vielen Situationen seiner Söhne leidet. Das heilige und geduldige Volk Gottes der Gläubigen, aufrecht gehalten und belebt durch den Heiligen Geist, ist das schönste Antlitz der prophetischen Kirche, die ihren Herrn im täglichen Zusammenhang in die Mitte zu stellen weiß[10]. Unsere Beschäftigung als Hirten ist darin gelegen, es zu lernen, auf diese kirchliche Wirklichkeit zu setzen und es würdigend anzuerkennen: ein aufrichtiges Volk, das seinen Glauben an Jesus Christus bekennt, die Jungfrau liebt, sich seinen Lebensunterhalt mit der (viele Male schlecht bezahlten) Arbeit verdient, seine Kinder tauft und seine Toten begräbt; in diesem gläubigen Volk, das sich als Sünder weiß, aber doch nicht müde wird, um Verzeihung zu bitten, weil es an die Barmherzigkeit des Vaters glaubt, in diesem gläubigen und schweigendem Volk ist das Immunsystem der Kirche zu finden.

## ... *Ich muss abnehmen*

Es ist schmerzlich festzustellen, dass in dieser letzten Periode der Geschichte der Kirche in Chile diese prophetische Inspiration an Kraft verlor, um dem Platz zu machen, was wir eine Umformung ihres Zentrums nennen könnten. Ich weiß nicht, was das Erste war, ob der Verlust der prophetischen Kraft dem Wechsel der Mitte Platz machte oder ob der Wechsel der Mitte zum Verlust der Prophetie führte, die unter euch so bezeichnend

---

10  Vgl. Franziskus, *Gaudete et exsultate,* nn. 6-9.

war. Das, was wir allerdings beobachten können, ist, dass die Kirche, die gerufen war, ihn zu bezeugen, der der Weg, die Wahrheit und das Leben (vgl. Joh 14,6) ist, sich selbst zum Zentrum der Aufmerksamkeit machte. Sie ging davon ab, auf den Herrn zu schauen und ihn anzukündigen, um auf sich zu schauen und sich mit sich selbst zu beschäftigen. Sie hat die Aufmerksamkeit auf sich gerichtet und verlor die Erinnerung an ihren Ursprung und ihre Sendung[11]. Sie wandte sich derart sich selbst zu, dass die Konsequenzen dieses ganzen Prozesses einen sehr hohen Wert erhielten: *ihre Sünde rückte ins Zentrum der Aufmerksamkeit.* Die schmerzliche und beschämende Feststellung von Delikten sexuellen Missbrauchs an Minderjährigen, des Missbrauchs von Macht und Einfluss auf das Gewissen durch einen Teil der Diener der Kirche wie auch die Art, in der diese Situationen behandelt wurden[12], macht diesen Wechsel im kirchlichen Zentrum sichtbar. Weit davon entfernt, sie zu mindern, um damit die Zeichen des Auferstandenen aufleuchten zu lassen, die kirchliche Sünde besetzt das

---

11 *Der Ruf deiner Schönheit drang zu allen Völkern; denn mein Schmuck, den ich dir anlegte, hatte deine Schönheit vollkommen gemacht – Spruch Gottes, des Herrn. Doch dann hast du dich auf deine Schönheit verlassen, du hast deinen Ruhm missbraucht und dich zur Dirne gemacht* (Ez 16,14-15a).

12 Es ist symptomatisch, in der Information, die durch die «Sondermission» geboten wurde, zu vermerken, dass alle Befragten, eingeschlossen die Mitglieder des Nationalen Rates zur Verhütung von Missbrauch von Minderjährigen und zur Begleitung von Opfern, auf die bislang unzureichende pastorale Aufmerksamkeit hingewiesen haben und sich auf die eine oder andere Weise in einen kanonischen Fall eines schwereren Deliktes verwickelt sahen.

gesamte Szenario, das Aufmerksamkeit und Blicke auf sich konzentriert.

Es drängt, den Skandal aufzugreifen und danach zu suchen, wie sofort, mittelfristig und auf Dauer Abhilfe geschaffen werden kann, damit Gerechtigkeit und Gemeinschaft wiederhergestellt werden[13]. Zugleich bin ich der Überzeugung, dass wir mit der gleichen Dringlichkeit auf einer anderen Ebene arbeiten müssen, um herauszufinden, wie neue kirchliche Dynamik in Übereinstimmung mit dem Evangelium wirksam werden kann und was uns hilft, besser missionarische Schüler zu sein, die in der Lage sind, das Prophetische wiederzugewinnen.

Dieses neue Leben, das der Herr uns schenkt, enthält auch, dass wir die Klarheit des Täufers wiedergewinnen und ohne Umschweife bestätigen, dass der Schüler nie der Messias ist und dies nie sein wird. Das hilft uns, ein frohes und realistisches Bewusstsein von uns selbst zu entwickeln; der Schüler ist nicht mehr als sein Herr. Gerade deshalb haben wir an erster Stelle aufmerksam zu sein auf jeden Typ oder jede Form des Messianismus, der behauptet, als einziger Interpret des göttlichen Willens erstanden zu sein. Viele Male können wir der Versuchung einer kirchlichen Erfahrung von Autorität verfallen, die behauptet, verschiedene Instanzen von Gemeinschaft und Teilhabe zu ersetzen, oder, was schlechter ist, das Bewusstsein der Gläubigen zu ersetzen und die Lehre des Konzils zu vergessen, die uns daran erinnert, dass «das Gewissen die verborgenste Mitte und das Heiligtum im

13 Vgl. Franziskus, *Brief an die Bischöfe von Chile*, 8. April 2018.

Menschen ist, wo er allein ist mit Gott, dessen Stimme in diesem seinem Innersten zu hören ist»[14]. Es ist ein zentrales Anliegen, eine kirchliche Dynamik wiederzugewinnen, die in der Lage ist, den Schülern zu helfen, den Traum Gottes für ihr Leben zu entdecken, ohne vorzugeben, dass ihnen diese Suche erspart bleibe. Tatsächlich behaupten falsche Messianismen, diese selbstverständliche Wahrheit streichen zu wollen, nach der die Salbung des Heiligen die Totalität aller Gläubigen meint. Wie kann ein einzelner oder eine herausragende Gruppe behaupten, die Gesamtheit des Volkes Gottes zu sein und noch weniger, als die authentische Stimme seines Selbstverständnisses aufzutreten[15]. In diesem Sinne müssen wir aufmerksam sein auf das, was mich, es sei mir erlaubt, von der «Psychologie der Elite» sprechen lässt, die in unsere Weise, die Fragen anzugehen, sich einmischen kann. Die Psychologie der Elite oder die Elitären enden damit, Dynamiken der Teilungen, der Trennung, «geschlossener Zirkel» zu erzeugen, die in narzisstische und autoritäre Spiritualitäten einmünden, in denen es wichtig ist, sich als etwas Besonderes, verschieden von den übrigen vorzukommen statt zu evangelisieren und so herauszustellen, dass sie weder an Jesus Christus noch an den anderen wirklich interessiert sind[16]. Messianismus, elitäres Gehabe, Klerikalismus sind die Synonyme der Perversion im kirchlichen Bereich; auch ein Synonym der Perversion ist der Verlust des gesunden Bewusstseins, zum heiligen Volk Gottes der Gläubigen

14 II. Vatikanisches Konzil, *Gaudium et spes*, n. 16.
15 Vgl. II. Vatikanisches Konzil, *Lumen gentium*, n. 12.
16 Vgl. Franziskus, *Evangelii gaudium*, n. 94.

dazuzugehören, das uns vorangegangen ist und das – Gott ist es zu danken – folgen wird. Verlieren wir niemals das Bewusstsein dieser so wertvollen Gabe, die unsere Taufe ist.

Die aufrichtige, betende und oft damit einhergehende schmerzliche Anerkennung unserer Grenzen ist es, was der Gnade gestattet, besser in uns zu wirken, ja was ihr Raum schafft, dieses mögliche Gut zu wecken, das in eine aufrichtige gemeinschaftliche Dynamik realen Wachstums[17] eingeht. Dieses Bewusstsein der Grenze und der Teilhabe, die wir innerhalb des Volkes Gottes einnehmen, heilt uns von der Versuchung und Behauptung, alle Räume besetzen zu sollen und insbesondere einen Ort, der uns nicht zusteht: den des Herrn. Nur Gott ist der Totalität fähig, allein er ist einer exklusiven Liebe fähig, die nicht zur gleichen Zeit ausschließend ist. Unsere Sendung besteht jetzt und immer darin, an der Sendung teilzuhaben. Gerade so, wie ich bei der Begegnung mit dem Klerus in Santiago sagte: «Das Bewusstsein, Wunden entdeckt zu haben, befreit uns davon, dass wir uns selbstbezogen bewegen, uns für besser halten. Das befreit uns von dieser prometheischen Tendenz des Denkens jener, die im Grunde nur auf ihre Kräfte bauen und sich anderen überlegen fühlen»[18].

Dafür, es sei mir gestattet, es mit Nachdruck zu sa-

---

17 Vgl. Ders. *Gaudete et exsultate*, n. 52.
18 Ders., *Begegnung mit Priestern, Ordensleuten, Geweihten und Seminaristen* (Kathedrale von Santiago de Chile, 16. Januar 2018), in: http://w2.vatican.va/content/francesco/de/speeches/2018/january/documents/papa-francesco_20180116_cile-santiago-religiosi.html.

gen, ist es dringend nötig, kirchliche Dynamiken zu entwickeln, die fähig sind, Teilhabe und anteilige Sendung
aller voranzutreiben, die zur kirchlichen Gemeinschaft
dazugehören, und jeglichen Typ von Messianismus oder
von Psychologie-Spiritualität der Elite zu vermeiden.
Konkret ein Beispiel: Es wird uns gut tun, uns mehr dem
zu öffnen, mit unterschiedlichen Instanzen der zivilen
Gesellschaft zusammen zu arbeiten, um eine Kultur
voranzubringen, die sich dem Missbrauch früheren Typs
widersetzt.

Als ich zu dieser Begegnung zusammenrief, lud ich ein,
den Geist um die Gabe der Großherzigkeit zu bitten, damit wir das, was wir bedenken, auch konkrete Tatsachen
werden lassen. Ich ermahne euch, dass wir inständig diese Gabe zum Wohl der Kirche in Chile erbitten. Besorgt
habe ich den Einsatz empfunden, mit dem einige von
euch Bischöfen gegenüber diesen gegenwärtigen und vergangenen Vorkommnissen reagiert haben. Ein Vorgehen,
das sich an dem orientiert, was wir als «Jonas-Episode»
bezeichnen können – inmitten der Bedrohung war es
nötig, das Problem ins Meer zu werfen (vgl. Jona 1,4-
16)[19] – während man glaubte, dass allein die Entfernung
der Personen die Probleme von selbst lösen werde[20]. So

19  Auch Jonas selbst macht sich Vorwürfe, dass der Sturm auf-
    gekommen war, weil er die ihm übertragene Sendung nicht
    angenommen hat und, um sich aus ihm zu retten, mussten sie
    ihn ins Meer werfen. V. 12: *Nehmt mich und werft mich ins Meer,*
    *damit das Meer sich beruhigt und euch verschont. Denn ich weiß, dass*
    *dieser gewaltige Sturm durch meine Schuld über euch gekommen ist.*
20  «Ist der Hund tot, ist die Tollwut zu Ende». Ähnlich könnte
    man von einem «Kaiphas-Syndrom» sprechen: Es passt doch,
    dass einer für das Volk stirbt.

gerät das paulinische Prinzip in Vergessenheit: Wenn der Fuß sagt: Ich bin keine Hand, ich gehöre nicht zum Leib, vielleicht könnte daraus doch folgen, dass sie ein Teil von ihm ist (vgl. 1 Kor 12,12 ff.). Die Probleme, die heute in der kirchlichen Gemeinschaft bestehen, lösen sich nicht nur, indem man Fälle aufgreift und sich darauf beschränkt, Personen zu entfernen[21]; das – ich sage es ganz klar – muss getan werden, aber es genügt nicht, man muss weitergehen. Es wäre von unserer Seite unverantwortlich, *nicht tiefer gehend* nach den Wurzeln zu suchen und die Strukturen zu befragen, die es möglich machten, dass es zu diesen konkreten Vorfällen immer wieder gekommen ist. Die schmerzlichen Situationen, von denen berichtet wurde, sind Anzeichen dafür, dass im kirchlichen Leib etwas krank ist[22]. Wir müssen die konkreten Fälle angehen und jedes Mal mit derselben Intensität tiefer gehen, um die Dynamiken zu entdecken, die es ermöglichten, dass so üble Ereignisse passieren

---

21 Weil es sich nicht nur um einen Einzelfall handelt. Die Situationen des Machtmissbrauchs, des Missbrauchs von Autorität und im geschlechtlichen Bereich sind zahlreich. Und das schließt den Umgang damit ein, der bis jetzt in deren Händen geblieben ist.

22 Ein Beispiel: Im Bericht, der von der «Sondermission» vorgelegt wurde, betonen viele Befragte in Sotero Sanz, dass mitunter der tiefe Bruch in der kirchlichen Gemeinschaft sich im Klerus vom Seminar an fortsetze; das, was die brüderlichen Beziehungen unter Priestern sein müssten, rede man schlecht und die Gläubigen ziehe man in diese Trennungen und Brüche hinein; das füge der sozialen Glaubwürdigkeit und der kirchlichen Führung der Priester und Bischöfe Schaden zu, der nicht behoben werden könne.

konnten[23]. Die Sünde zu bekennen ist notwendig, nach Abhilfe zu suchen ist dringend, die Wurzeln des Ganzen erkennen zu wollen ist Weisheit für jetzt und später. Es wäre eine schwere Unterlassung unsererseits, nicht zu den Wurzeln vorzudringen. Es geht um mehr; zu glauben, allein die Entfernung der Personen werde ohne weiteres das Heil des Leibes bewirken, ist eine große Täuschung. Es wird nicht bezweifelt, dass das helfen wird und gemacht werden muss, aber, ich wiederhole, es reicht nicht[24], selbst wenn dieser Gedanke uns von

23  In der Information von der «Sondermission» mussten meine Abgesandten bestätigen, dass einige Ordensleute, die vom Orden aufgrund von unsittlichem Verhalten entlassen und, nachdem man die absolute Schwere ihrer Delikte in bloße Schwachheit oder moralische Unwissenheit klein geredet hatte, in anderen Diözesen aufgenommen und zudem unklugerweise mit Aufgaben in der Diözese oder Pfarrei betraut wurden, die einen täglichen und direkten Kontakt mit Minderjährigen mit sich brachten.

24  Von neuem möchte ich mich in diesem Sinne drei Situationen zuwenden, die sich aus der Information von der «Sondermission» ergeben:
1. Die Untersuchung zeigt, dass drei schwerwiegende Defekte in der Weise des Umgangs mit *Fällen schwerer Vergehen* existieren, die durch einige vordringliche Tatbestände verstärkt werden und sich in einigen Römischen Dikasterien breit zu machen beginnen. Insbesondere in der Weise, die Anzeigen oder *notitiae crimini* anzunehmen; in nicht wenigen Fällen sind sie sehr oberflächlich als unwahrscheinlich hingestellt worden; in Wirklichkeit waren es Hinweise auf ein tatsächliches Delikt. Während der Visitation wurde auch festgestellt, wie sehr die Existenz von angeblichen Delikten, die nur beiläufig oder auch nie überprüft wurden, die Anzeigenden und alle, die die vermutlichen Opfer, die Familien, Freunde, Gemeinschaften in der Pfarrei kannten, in Verruf brachten. In anderen Fällen wurde schwerwiegendste Nachlässigkeit im

der Verantwortlichkeit und der Beteiligung, die uns als Glieder am Leib der Kirche trifft, dispensieren könnte. Und da, wo die Verantwortlichkeit und Beteiligung nicht übernommen wird, ist der, die andere an dem schuldig, was nicht funktioniert[25]. Bitte, hüten wir uns vor der Versuchung, uns selbst rein waschen zu wollen,

Schutz von Kindern, Jungen und Mädchen, und von traumatisierten Jungen und Mädchen vonseiten von Bischöfen und Ordensoberen festgestellt, die eine besondere Verantwortlichkeit im Schutz für das Volk Gottes haben.

2. Ein anderer ähnlicher Umstand, der mich perplex gemacht hat und mich beschämt, war die Lektüre von Erklärungen, die nachweisen, dass auf jene Druck ausgeübt wurde, die die Instruktion zu Strafprozessen oder auch zur Entsorgung von belastenden Dokumenten durch Beauftragte der kirchlichen Archive vorantreiben sollten; so wurde ein absolutes Fehlen von Respekt für das kanonische Vorgehen und noch mehr zu Praktiken, die zu verurteilen sind und in Zukunft vermieden werden sollen, sichtbar gemacht.

3. In derselben Linie und für die mögliche Verstärkung der Ansicht, dass das Problem nicht nur eine gewisse Gruppe von Personen angeht, wurden in vielen Fällen von solchen, die Missbrauch verübt haben, schon im Verlauf ihrer Ausbildung im Seminar oder Noviziat schwerwiegende Probleme entdeckt. Tatsächlich finden sich in den Akten der «Sondermission» gewichtige Anklagen gegen einige Bischöfe oder Obere, die erzieherische Einrichtungen dieser Art Priestern anvertraut hatten, die der aktiven Homosexualität verdächtigt wurden.

25 Ein Echo jenes beispielhaften Handelns, das uns an Gen 3,11-13 erinnert: *Hast du vom Baum gegessen, von dem zu essen ich dir verboten habe? Adam antwortete: Die Frau, die du mir beigesellt hast, sie hat mir von dem Baum gegeben und so habe ich gegessen. Gott, der Herr, sprach zu der Frau: Was hast du da getan? Die Frau antwortete: Die Schlange hat mich verführt, so habe ich gegessen.* Auf Kreolisch erinnert es an das Verhalten des Kindes, das seine Väter anschaut und sagt: «Ich bin es nicht gewesen».

unseren Ruf tadellos zu erhalten («mit heiler Haut davonzukommen»); dass wir doch gemeinschaftlich unsere Schwachheit bekennen, um so zusammen in aller Demut eine Antwort finden zu können, ganz konkret und in Gemeinschaft mit dem gesamten Volk Gottes. Die Schwere des Geschehens gestattet uns nicht, dass wir uns als erfahrene Jäger von «Sündenböcken» benehmen. Alles das verlangt von uns Ernsthaftigkeit und Mitverantwortung, um die Probleme als Symptome eines kirchlichen Ganzen anzunehmen, das zu analysieren wir eingeladen sind; alles das erbittet aber auch von uns allen, nach nötigen Mitteln und Wegen zu suchen, dass solches sich nie wiederhole. Das können wir nur erreichen, wenn wir es als ein Problem, das alle haben, annehmen und nicht als das Problem, das einige beschäftigt, verstehen. Wir werden es nur lösen können, wenn wir es kollegial, in Gemeinschaft, in Synodalität annehmen.

Brüder, wir sind nicht hier, weil wir besser als die anderen sind. Wie man in Chile sagt, wir sind hier mit dem Bewusstsein, Sünder zu sein, denen verziehen wurde, oder als Sünder, die es brauchen, dass ihnen verziehen wird, als Sünder in reumütiger Offenheit. Und darin treffen wir auf die Quelle unserer Freude. Verlangen wir danach, Hirten zu sein im Stil des geschlagenen, zu Tode gekommenen und auferstandenen Jesus. Verlangen wir danach, in den Wunden unseres Volkes die Zeichen der Auferstehung zu sehen. Verlangen wir danach, den Weg von einer Kirche, die um sich selbst kreist, in sich verschlossen und durch ihre Sünden verödet ist, zu einer dienstbereiten Kirche für so viele Gestrandete, die an unserer Seite leben, zu nehmen – zu *einer Kirche, die fähig ist, das Wichtige in ihre Mitte zu stellen:* den Dienst für ihren Herrn, für Hungrige, Gefangene, Durstige, Heimatlose, Entblößte, Kranke, Missbrauchte ... (vgl. Mt 25,35) mit dem Bewusstsein, dass jene es wert sind, an unserem Tisch Platz zu nehmen, sich «Zuhause» zu fühlen, von uns als Familie angesehen zu werden. Das ist das Zeichen, dass das Himmelreich unter uns ist, das Zeichen einer Kirche, die durch ihre Sünde verwundet war, nun aber vom Herrn in Erbarmen angenommen ist und sich dank ihrer Berufung zu einer prophetischen gewandelt hat[26]. Brüder, Ideen werden diskutiert, Situationen unterscheidet man. Bleiben wir miteinander in Verbindung zu unterscheiden, nicht um zu diskutieren.

Den prophetischen Zugang erneuern bedeutet, uns auf das Wichtige zu konzentrieren; es geht darum, hinzuschauen auf ihn, den sie durchbohrt haben, und zu hören: «Er ist nicht hier, er ist auferstanden» (Mt 28,6); es geht darum, die Bedingungen und die kirchliche Dynamik zu schaffen, dass jede Person in ihrer Situation den entdecken kann, der lebt und uns in Galiläa erwartet.

26 Vgl. Franziskus, *Begegnung mit Priestern, Ordensleuten, Geweihten und Seminaristen* (Kathedrale von Santiago de Chile, 16. Januar 2018), in: http://w2.vatican.va/content/francesco/de/speeches/2018/january/documents/papa-francesco_20180116_cile-santiago-religiosi.html.

# BRIEF AN DIE BISCHÖFE VON CHILE
*(17. Mai 2018)*

Liebe Brüder im Bischofsamt,

ich möchte euch danken, dass ihr die Einladung angenommen habt, dass wir zusammen eine freimütige Unterscheidung angesichts der schwerwiegenden Vorfälle anstellen, die der kirchlichen Gemeinschaft geschadet haben und die Arbeit der Kirche von Chile in den letzten Jahren geschwächt haben.

Im Licht dieser so schmerzlichen Ereignisse, die vom Missbrauch an Minderjährigen, vom Missbrauch an Macht und im Gewissensbereich ausgegangen sind, gingen wir ihrer Schwere sowie den tragischen Folgen nach, die vor allem die Opfer hinnehmen mussten. Einige von ihnen habe ich selber von Herzen um Verzeihung gebeten; dem habt ihr euch einmütig und mit dem festen Vorsatz angeschlossen, die verursachten Schäden gutzumachen.

Ich danke euch für die volle Verfügbarkeit, die ein jeder geäußert hat, sich an allen Veränderungen und zu fassenden Entschlüssen zu beteiligen und mitzuarbeiten, die sofort, mittelfristig und dauerhaft umzusetzen sind und notwendig werden, um Gerechtigkeit und kirchliche Gemeinschaft aufzurichten.

Nach diesen Tagen des Gebetes und der Reflexion sende ich euch, dass ihr fortfahrt, eine prophetische Kirche zu bauen, die es versteht, das Wichtige in die Mitte zu rücken: den Dienst an ihrem Herrn in Armut, im Gefängnis, auf der Flucht, im Missbrauch.

Bitte vergesst nicht, für mich zu beten.
Jesus segne euch und die heilige Jungfrau sorge für euch.

Brüderlich

# BRIEF AN DAS PILGERNDE
# VOLK GOTTES IN CHILE *(31. Mai 2018)*

Liebe Brüder und Schwestern,

am vergangenen 8. April rief ich meine Brüder im Bischofsamt nach Rom, um mit ihnen zusammen Wege zu Wahrheit und Leben zu suchen, die sofort, demnächst und dauernd zu gehen sind – wegen der offenen Wunde, die schmerzt, kompliziert ist und nach so langer Zeit nicht aufhört zu bluten[1]. Und ich werde euch nahelegen, dass wir das ganze heilige Volk Gottes der Gläubigen einladen, sich ins Gebet zu begeben, damit der Heilige Geist die Kraft gebe, nicht der Versuchung, sich in eitlen Wortgefechten, in leeren Worthülsen, in sophistischen Diagnosen oder in sinnlosen Gesten zu verlieren, die uns vom nötigen Ernst fernhalten würden, offen den verursachten Schmerz, das Antlitz der Opfer, das schreckliche Ausmaß der Vorgänge anzuschauen. Ich habe euch eingeladen, darauf zu schauen, in welche Richtung uns der Heilige Geist bewegt; denn «das Verschließen der Augen vor dem Nächsten macht uns blind für Gott»[2].

Mit großer Freude, die Hoffnung stiftet, erhielt ich die Nachricht, dass viele Gemeinschaften, das einfache Volk, das Volk Gottes, in Kapellen zum Gebet sich versammelten, insbesondere an den Tagen, als wir mit euch Bischöfen versammelt waren: das Volk Gottes auf

1  Franziskus, *Brief an die Bischöfe von Chile*, 8. April 2018.
2  Benedikt XVI., *Deus Caritas est*, n. 16.

den Knien, das um die Gabe des Heiligen Geistes fleht, um Licht in der Kirche zu sehen, «die durch ihre Sünde verwundet ist, Erbarmen gefunden hat bei ihrem Herrn und dass sie täglich zu einer prophetischen Kirche aus Berufung bekehrt werde»[3]. Wir wissen, dass das Gebet nie vergebens ist und dass «inmitten der Dunkelheit immer etwas Neues zu keimen beginnt, das früher oder später Frucht bringt»[4].

1. Euch anzusprechen, um das Gebet zu bitten, das ist kein funktionaler Rückgriff gewesen, ebenso wenig eine einfache Geste des guten Willens. Im Gegenteil! Ich möchte die Dinge an ihren präzisen und richtigen Ort stellen und das Thema nennen: das Volk Gottes gründet in der «Würde und Freiheit der Kinder Gottes, in deren Herzen der Heilige Geist wie in einem Tempel wohnt»[5]. Das heilige Volk Gottes der Gläubigen ist gesalbt mit der Gnade des Heiligen Geistes; umso mehr müssen wir, wenn wir überlegen, denken, bewerten und unterscheiden, auf diese Salbung sehr aufmerksam sein. Jedes Mal, wenn wir als Kirche, als Hirten, als Geweihte diese Gewissheit vergessen haben, sind wir vom Weg abgekommen. Jedes Mal, wenn wir bestrebt waren, zu ersetzen, zum Schweigen zu bringen, zu verniedlichen, zu ignorieren oder das Volk Gottes in seiner Gesamtheit

---

3  Vgl. Franziskus, *Begegnung mit Priestern, Ordensleuten, Geweihten und Seminaristen* (Kathedrale von Santiago de Chile, 16. Januar 2018), in: http://w2.vatican.va/content/francesco/de/speeches/2018/january/documents/papa-francesco_20180116_cile-santiago-religiosi.html.

4  Franziskus, *Evangelii gaudium*, n. 276.

5  Vgl. II. Vatikanisches Konzil, *Lumen gentium*, n. 9.

und Differenziertheit auf kleine Eliten zu reduzieren, konstruieren wir Gemeinschaften, pastorale Pläne, theologische Schwerpunkte, Spiritualitäten, Strukturen ohne Wurzeln, ohne Geschichte, ohne Gesichter, ohne Gedächtnis, ohne Leib, letztlich ohne Leben. Uns aus dem Leben des Volkes Gottes herauszureißen, das treibt uns in die Trostlosigkeit und in die Perversion der kirchlichen Natur; der Kampf gegen eine Kultur des Missbrauchs erfordert, von neuem zu dieser Gewissheit zu stehen.

Wie ich den Jugendlichen in Maipu es sagte, möchte ich auf besondere Weise jedem Einzelnen es gesagt haben: «Die heilige Mutter Kirche braucht heute das gläubige Volk Gottes, dass es für uns eintrete. [...] Die Kirche braucht es, dass ihr älter werdet, spirituell älter, und den Mut habt, uns zu sagen, ‹Das mag ich; mir scheint, dass dieser Weg einzuschlagen ist; das geht nicht› ... Sagt das, was ihr fühlt und denkt»[6]. Wenn wir das tun, sind wir in der Lage, uns alle in eine Kirche synodalen Stils einzubinden, die es versteht, Jesus in das Zentrum zu stellen.

Im Volk Gottes gibt es keine Christen erster, zweiter und dritter Kategorie. Die aktive Teilnahme an ihm ist nicht die Frage von gutwilligen Zugeständnissen, vielmehr ist sie konstitutiv für die Natur der Kirche. Es ist unmöglich, eine Zukunft ohne diese Salbung, die in jedem von euch wirkt, sich vorzustellen, die gewiss nach erneuerten Formen der Teilhabe ruft und sie erfordert.

6  Vgl. Franziskus, *Begegnung mit Jugendlichen,* Nationalheiligtum Maipú, 17. Januar 2018, in: http://http://w2.vatican.va/content/francesco/de/speeches/2018/january/documents/papa-francesco_20180117_cile-maipu-giovani.html.

Alle Christen fordere ich auf, keine halben Sachen zu machen, wenn es darum geht, Protagonist der Neugestaltung zu sein, die heute erforderlich ist, und kreative Alternativen anzustoßen und voranzutreiben bei der täglichen Suche einer Kirche, die jeden Tag danach trachtet, das Wichtige in das Zentrum zu stellen. Alle diözesanen Organismen – welcher Farbe immer sie seien – lade ich ein, bewusste und klare Räume der Gemeinschaft und Teilhabe zu suchen, damit die Salbung des Volkes Gottes zu konkreten Vermittlungen führe und so sich zeige.

Die Erneuerung der hierarchischen Kirche durch sich selbst wird nicht die Veränderung hervorbringen, zu der der Heilige Geist drängt. Wir sind gefordert, zusammen eine kirchliche Erneuerung voranzutreiben, die uns alle einschließt.

Eine prophetische und vor allem hoffnungsfrohe Kirche erfordert in allen eine Mystik der offenen, neugierigen und nicht verschlafenen Augen[7]. Die Salbung des Geistes darf nicht abhandenkommen.

2. *Der Wind weht, wo er will; du hörst sein Brausen, weißt aber nicht, woher er kommt und wohin er geht. So ist es mit jedem, der aus dem Geist geboren ist* (Joh 3,8). So antwortete Jesus dem Nikodemus vor dem Gespräch, das sie über die Möglichkeit führten, von neuem geboren zu werden, um in das Reich Gottes einzugehen.

Jetzt sind wir eingeladen, im Lichte dieses Abschnittes unsere persönliche und gemeinschaftliche Geschichte zu sehen: der Heilige Geist ergänzt das Woher und Wohin mit dem einzigen Ziel, uns zum Neu-gebo-

---

7   Vgl. Franziskus, *Gaudete et exsultate*, n. 137.

ren-Werden zu verhelfen. Weit davon entfernt, uns in Schemata, in Modalitäten, in fixe oder veraltete Strukturen einschließen zu lassen, weit davon entfernt, zu resignieren oder die Ereignisse aus dem Auge zu verlieren, ist der Geist fortwährend in Bewegung, die Sicht zu weiten, davon träumen zu lassen, worauf zu hoffen man aufgehört hatte[8], Gerechtigkeit in Wahrheit und Liebe zu üben, von Sünde und Korruption zu reinigen und zu immer nötiger Bekehrung einzuladen. Ohne diese Sicht des Glaubens würde alles, was wir sagen und tun können, in ein Fass ohne Boden fallen. Diese Gewissheit ist unerlässlich, um auf die ausweglose, aber doch bedeutsame Gegenwart zu schauen, mit beherztem und weisem Mut, mit gewaltloser Zähigkeit, mit Leidenschaft ohne Fanatismus, mit angstfreier Festigkeit und so all das zu ändern, was heute die Integrität und Würde jeder Person in Frage stellt; in der Tat, dringend nötige Lösungen erfordern es, die Probleme anzugehen, ohne sich von ihnen gefangen nehmen zu lassen oder, was schlechter wäre, dieselben Mechanismen zu wiederholen, die wir vermeiden wollen[9]. Heute sind wir herausgefordert, direkt hinzuschauen, den Konflikt an-

---

8  Vgl. Ders., *Predigt in der heiligen Messe am Hochfest Pfingsten*, 20. Mai 2018, in: http://w2.vatican.va/content/francesco/de/homilies/2018/documents/papa-francesco_20180520_omelia-pentecoste.html.

9  Es ist anzuerkennen, dass einige Organisationen und Kommunikationsmedien das Thema des Missbrauchs in einer verantwortlichen Form aufgegriffen haben, indem sie immer nach der Wahrheit suchen und aus dieser schmerzlichen Wirklichkeit keine medienwirksame Sache machen, um die Einschaltquoten ihrer Programme zu erhöhen.

zunehmen, um in die Lage zu kommen, ihn lösen und in das Bindeglied eines neuen Unterwegsseins umformen zu können[10].

3. An erster Stelle sei gesagt, es wäre ungerecht, diesen Vorgang allein den letzten Ereignissen, die lebendig in Erinnerung stehen, zuzuschreiben. Der ganze Vorgang der Revision und Reinigung, den wir angehen, ist möglich dank der Anstrengung und Ausdauer von konkreten Personen, die wider alle Hoffnung oder trotz Misskredits aller Schattierungen nicht ruhen, die Wahrheit zu suchen; ich beziehe mich auf die Opfer sexuellen Missbrauchs, des Missbrauchs von Macht und Autorität und auf jene, die ihnen heute glauben und sie begleiten. Opfer, deren Schrei zum Himmel dringt[11]. Einmal mehr möchte ich öffentlich für den Mut und die Ausdauer von diesen allen danken.

Die jüngste Zeit ist eine Zeit des Hörens und des Unterscheidens, um an die Wurzeln heranzukommen, die es möglich gemacht haben, dass solche Grausamkeiten vorkamen und immer wieder vorkommen und dem Skandal des Missbrauchs Lösungen zuzuführen, die nicht bloß in der Strategie des Aushaltens – unverzichtbar, aber ungenügend – bestehen, sondern mit allen die Not wendenden Mitteln das Problem in seiner Komplexität angehen.

In diesem Sinne möchte ich mich beim Wort «hören» aufhalten, weil alles Unterscheiden voraussetzt, dass das

---

10 Franziskus, *Evangelii gaudium*, n. 227.
11 Der Herr sprach: *Ich habe das Elend meines Volkes in Ägypten gesehen und ihre laute Klage über ihre Antreiber habe ich gehört. Ich kenne ihr Leid.* (Ex 3,7)

Hören dessen, was der Geist uns dazu sagen möchte, gelernt werde. Und das können wir nur dann, wenn wir fähig sind, die Wirklichkeit dessen, was passiert, zu hören[12].

Ich glaube, dass hier einer von unseren hauptsächlichen Fehlern und Unterlassungen gelegen ist: den Opfern nicht zuzuhören. So kamen im Blick auf eine gesunde und klare Unterscheidung Teillösungen, in denen entscheidende Elemente übersehen wurden, zustande. Beschämt muss ich sagen, dass wir nicht zu hören und zeitgerecht zu reagieren verstanden.

Die Visitation von Monsignore Scicluna und Monsignore Bertomeu führt dazu festzustellen, dass es Situationen gab, die wir nicht zu sehen und zu hören verstanden. Als Kirche können wir nicht den Weg fortsetzen, ohne auf den Schmerz unserer Geschwister zu achten. Nach der Lektüre des Berichtes entschied ich mich, persönlich mit einigen Opfern sexuellen Missbrauchs, des Missbrauchs von Macht und im Gewissensbereich zusammenzutreffen, um sie zu hören und sie für unsere Sünden und Unterlassungen um Verzeihung zu bitten.

4. In diesen Begegnungen habe ich festgestellt, wie der Mangel von wertschätzendem Hören ihrer Geschichten, wie sonst oft das verständige Annehmen von Irrungen und Unterlassungen im Ganzen eines Prozesses uns abhalten, einen Weg zu gehen. Eine Annahme, die mehr sein sollte als bloßer Ausdruck von Wohlwollen gegenüber den Opfern, vielmehr sollte es eine für uns neue

---

12 Erinnern wir uns doch daran, dass das der erste Auftrag war, den das Volk Israel von Yahwe bekam: *Höre Israel* (Dt 6,4).

Form sein, auf das Leben einzugehen, auf die anderen und auf Gott. Die Hoffnung auf ein Morgen und das Vertrauen in die Vorsehung entsteht und wächst in der Annahme der Gebrechlichkeit, der Grenzen und auch der Sünde, um uns im Weitergehen zu helfen[13]. Das «Nie wieder» zur Kultur des Missbrauchs sowie zum System der Verschleierung, das ihn fortdauern lässt, erfordert, gemeinsam zu arbeiten, um eine Kultur der Sorgfalt zu entwickeln, die unsere Formen, miteinander in Beziehung zu treten, zu beten, zu denken, Autorität zu leben, unsere Gewohnheiten und Sprechweisen und unsere Beziehung zu Macht und Geld verändert. Heute wissen wir, dass das Beste, das wir angesichts des verursachten Schmerzes geben können, der Einsatz im persönlichen, gemeinschaftlichen und sozialen Austausch ist, der uns beibringt, zu hören und speziell für die am stärksten Verwundeten zu sorgen. So ist es dringend nötig, Räume zu schaffen, in denen die Kultur des Missbrauchs und der Verdeckung nicht das herrschende Muster sind, in denen eine kritische Haltung des Fragens nicht mit Verrat verwechselt wird. Es trifft uns als Kirche anzuregen, in Demut alle Betroffenen aufzusuchen, die die soziale Realität bilden und Einrichtungen für den Dialog und eine konstruktive Konfrontation zu unterstützen, um eine Kultur der Sorge und des Schutzes aufzubauen.

Wollten wir an diese Aufgabe, völlig auf uns gestellt, allein mit unseren Kräften und Möglichkeiten herange-

13 Vgl. Franziskus, *Besuch im Frauengefängnis* von Santiago del Chile, 16. Januar 2018, in: http://w2.vatican.va/content/francesco/de/speeches/2018/january/documents/papa-francesco_20180116_cile-santiago-penitenziario.html.

hen, würden wir in gefährliche, voluntaristische Dynamiken hineingezogen, die nicht lange dauerten[14]. Lassen wir uns helfen und helfen wir, eine Gesellschaft
aufzubauen, in der die Kultur des Missbrauchs für eine
Fortdauer keine Chance hat. Ich ermahne alle Christen
und vor allem die Verantwortlichen von Zentren weiter-
führender Bildung im Erziehungsbereich, von Gesund-
heitszentren, von formellen und informellen Bildungs-
einrichtungen und Universitäten, in den Diözesen und
mit der zivilen Gesellschaft sich anzustrengen, um klar
und strukturell eine Kultur der Sorge und des Schutzes
aufzubauen. So wird in all diesen Bereichen eine neue
Mentalität gefördert.

5. Die Kultur des Missbrauchs und der Verschleierung
ist unvereinbar mit der Logik des Evangeliums, weil die
von Christus angebotene Rettung immer ein Angebot
ist, ein Geschenk, das die Freiheit aufruft. Während
Christus seinen Jüngern die Füße wäscht, zeigt er das
Antlitz Gottes. Das verpflichtet nie zum Mittun, sondern
geschieht als Dienst. Sagen wir das deutlich: Alle Mittel,
die gegen die Freiheit und Integrität der Person vorgehen,
widersprechen den Evangelien; daher ist es notwendig,
dass wir Glaubensprozesse in Gang zu setzen verstehen,
in denen man einschätzen lernt, wann es nötig ist zu
zweifeln und wann das nicht nötig ist. «Die Lehre oder
besser unser Verständnis und unsere Ausdrucksweise
von ihr, ist ‹kein geschlossenes System, das um die
Dynamik gebracht ist, Fragende, Zweifel, Nachfragen
aufkommen zu lassen,› und ‹die Fragen unseres Volkes,

14 Vgl. Franziskus, *Gaudete et exsultate*, nn. 47-59.

seine Ängste, seine Streitereien, seine Träume, seine Kämpfe, seine Vorlieben haben einen hermeneutischen Wert, den wir nicht ignorieren dürfen, wenn wir das Prinzip der Inkarnation ernst nehmen wollen»»[15]. Ich lade alle Zentren religiöser Formung, theologische Fakultäten, Einrichtungen der Weiterbildung, Seminare, Bildungshäuser und Zentren der Spiritualität ein, eine theologische Reflexion anzustellen, die auf der Höhe der Zeit stehend einen reifen, erwachsenen Glauben zu fördern vermag und auf den vitalen Humus des Volkes Gottes mit seinem Fragen und Einwänden eingeht. Also Gemeinschaften fördern, die in der Lage sind, gegen Situationen, die Missbrauch begünstigen, vorzugehen, Gemeinschaften, in denen Austausch, Diskussion, Gegenüberstellung willkommen sind[16]. Wir sollen darin

---

15 Vgl. Franziskus, *Gaudete et exsultate*, n. 44.

16 Es ist unerlässlich, den Blick auf die so nötige Erneuerung in den Zentren der Formung zu richten, die durch die jüngste Apostolische Konstitution *Veritatis gaudium* auf den Weg gebracht wurde. Beispielhalber unterstreiche ich, dass in der Tat «als vordringlichste Aufgabe auf der Tagesordnung steht, dass das ganze Volk Gottes sich darauf vorbereitet, mit ›Geist‹ eine neue Etappe der Evangelisierung zu beschreiten. Dies verlangt ›einen entschiedenen Prozess der Unterscheidung, der Läuterung und der Reform›. In einem solchen Prozess spielt eine angemessene Erneuerung des kirchlichen Studiensystems eine strategische Rolle. Die kirchlichen Studien sind natürlich nicht nur dazu da, Orte und Programme qualifizierter Ausbildung für Priester, Personen des geweihten Lebens oder engagierte Laien anzubieten, sondern sie bilden eine Art günstiges kulturelles Laboratorium, in dem die Kirche jene Form performativer Interpretation der Wirklichkeit ausübt, die dem Christusereignis entspringt und sich aus den Gaben der Weisheit und der Wissenschaft speist,

erfinderisch sein, Gemeinschaften zu begünstigen, die aus sich herausgehen und sich von geschlossenen und selbstbezogenen Gedankensystemen absetzen, die verheißungsvolle Vorstellungen des Lebens entwickeln und endlich die Kultur des Missbrauchs ausmerzen.

Ich möchte eine kurze Bemerkung zur Pastoral des Volkes machen, wie sie in vielen von euren Gemeinschaften gelebt wird, weil es ein unbezahlbarer Schatz ist und eine authentische Schule, in der man lernen kann, auf das Herz unseres Volkes und zugleich auf das Herz Gottes zu hören. In meiner Erfahrung als Seelsorger lernte ich entdecken, dass die Pastoral des Volkes einer der wenigen Räume ist, wo das Volk Gottes von jeglichem Klerikalismus entbunden ist, der immer zu kontrollieren und die Salbung Gottes an seinem Volk in den Griff zu bekommen sucht. Von der Volksfrömmigkeit lernen bedeutet zu lernen, einen neuen Typ von Beziehung, Hören, Spiritualität einzurichten, was viel Respekt verlangt und nicht bei schnellem und überfliegendem Lesen zu haben ist, denn die Volksfrömmigkeit «spiegelt eine Seite Gottes wider, die nur die Armen und die Einfachen erkennen können»[17].

«Kirche im Aufbruch» sein bedeutet auch, sich helfen zu lassen und um Hilfe zu bitten. Vergessen wir nicht: *Der Wind weht, wo er will; du hörst sein Brausen, weißt aber*

durch die der Heilige Geist in verschiedener Weise das ganze Volk Gottes bereichert: vom *sensus fidei fidelium* zum Lehramt der Hirten, von Charisma der Propheten zu dem der Lehrer unter Theologen.» *Veritatis gaudium*, n. 3.

17  Paul VI., *Evangelii nuntiandi*, n. 48.

*nicht, woher er kommt und wohin er geht. So ist es mit jedem, der aus dem Geist geboren ist* (Joh 3,8).

6. Wie ich sagte, in den Begegnungen mit den Opfern konnte ich feststellen, dass das Fehlen der Würdigung uns hindert weiterzugehen. Deshalb, glaube ich, ist es nötig, das mitzuteilen, was mich freut und mich mit viel Hoffnung erfüllt, im Dialog mit ihnen zu reden von ihrer Anerkennung durch Personen, die ich gern die «Heiligen von nebenan»[18] nennen möchte. Wir wären ungerecht, wenn wir bei unserem Schmerz und unserer Scham wegen dieser Strukturen des Missbrauchs und des Verschleierns, die so lange angehalten und so großes Übel verursacht haben, nicht mit Anerkennung von den vielen gläubigen Laien, geweihten Männern und Frauen, Priestern, Bischöfen redeten, die ihr Leben aus Liebe geben in ganz verlassenen Gegenden dieses geliebten chilenischen Landes. Sie alle sind Christen, die mit den übrigen zu weinen wissen, die hungern und dürsten nach Gerechtigkeit, die voll Erbarmen schauen und handeln[19]; Christen, von denen ein jeder täglich bestrebt ist, sein Leben zu erhellen mit dem Licht des Protokolls, nach dem wir gerichtet werden: *Kommt her, die ihr von meinem Vater gesegnet seid, nehmt das Reich in Besitz, das seit der Erschaffung der Welt für euch bestimmt ist. Denn ich war hungrig und ihr habt mir zu essen gegeben; ich war durstig und ihr habt mir zu trinken gegeben; ich war fremd und obdachlos und ihr habt mich aufgenommen; ich war nackt und ihr habt mir Kleidung gegeben; ich war krank und ihr habt mich besucht; ich war im*

18  Vgl. Franziskus, *Gaudete et exsultate*, nn. 6-9.
19  Vgl. ebd., nn. 76, 79 und 82.

*Gefängnis und ihr seid zu mir gekommen* (Mt 25,34-36).

Dankbar anerkenne ich euren Mut und euer standhaftes Beispiel, wenn in Momenten der Verwirrung Scham und Schmerz folgen, während ihr euch mit Freude für das Evangelium einsetzt.

Dieses Zeugnis bekommt mir sehr gut und stärkt meinen eigenen Wunsch, den Egoismus zu überwinden, um mich mehr hinzugeben[20]. Weit davon entfernt, dem verursachten Übel Bedeutung und Ernsthaftigkeit abzusprechen und die Wurzeln der Probleme nicht zu suchen, fordert es uns heraus, die tatsächliche Kraft und das Wirken des Heiligen Geistes in so vielen Leben zu schätzen. Ohne diese Sicht würden wir mitten auf dem Weg stehen bleiben und könnten einem Denken verfallen, nach dem, allerding zu Unrecht, nur ein Teil der Realität in den Blick genommen wird, wenn es darum ginge, das Gute zu festigen und Verkehrtes zu verbessern.

Erfolge akzeptieren, aber auch die persönlichen und gemeinschaftlichen Grenzen, das ist keine Bemerkung unter anderen: Das ist der erste Schritt jedes beliebigen, authentischen Prozesses der Bekehrung und Veränderung. Nie dürfen wir vergessen, dass Jesus Christus, der Auferstandene, den Seinen sich mit seinen Wundmalen zeigte; von seinen Wundmalen ausgehend konnte Thomas wirklich den Glauben bekennen. Lassen wir uns einladen, unsere Wunden nicht zu verschleiern, zu verheimlichen oder zu verdecken.

Eine verwundete Kirche ist in der Lage, die Wunden der

20  Vgl. Franziskus, *Evangelii gaudium*, n. 76.

Welt von heute zu begreifen und sich davon berühren zu lassen, diese sich zu eigen zu machen, an ihnen zu leiden, sie zu versorgen und sich von ihnen bewegen zu lassen, nach Heilung zu suchen. Eine Kirche mit Wunden stellt sich nicht in die Mitte, hält sich nicht für vollkommen, sucht nicht ihre Fehler zu verdecken und zu verleugnen, sondern stellt sie vor den einzigen hin, der die Wunden heilen kann und einen Namen hat: Jesus Christus[21].

Diese Gewissheit ist es, die uns bewegen soll, gelegen oder ungelegen für ein Engagement zur Schaffung einer Kultur zu werben, in der jede Person das Recht hat, eine Luft zu atmen, die von jeglicher Art von Missbrauch frei ist; eine Kultur, frei von Vertuschung, die letzten Endes alle unsere Beziehungen vergiftet. Eine Kultur, die sich der Sünde stellt, erzeugt eine Dynamik der Reue, des Erbarmens und des Verzeihens und im Fall eines Deliktes macht sie Anzeige, nimmt das Urteil und die Sanktion hin.

7. Liebe Brüder, zu Beginn dieses Briefes sagte ich euch, dass der Aufruf an euch kein funktionaler Rekurs oder eine Geste guten Willens sei, im Gegenteil, es geht darum, die Salbung, die ihr als Volk Gottes besitzt, auf den Plan zu rufen. Zusammen mit euch lassen sich für eine Erneuerung und Bekehrung der Kirche die nötigen Schritte tun, dass sie dauerhaft gesunde. Mit euch lässt sich die notwendige Erneuerung herauführen, die so

---

21 Franziskus, *Begegnung mit Priestern, Ordensleuten, Geweihten und Seminaristen*, Santiago de Chile, 16. Januar 2018; in: http://http://w2.vatican.va/content/francesco/de/speeches/2018/january/documents/papa-francesco_20180116_cile-santiago-religiosi.html.

dringend nötig ist. Ohne euch lässt sich nichts machen. Ich ermahne das gesamte Volk Gottes der Gläubigen, das in Chile lebt, nicht auf halbem Weg stehen zu bleiben, sondern weiterhin sich einbeziehen zu lassen und, angeregt vom Geist, auf dem Weg zu bleiben im täglichen Suchen nach einer mehr synodalen, prophetischen und hoffnungsfrohen, weniger missbräuchlichen Kirche, weil sie es versteht, Jesus Christus in die Mitte zu rücken im Hungrigen, im Gefangenen, im Vertriebenen, im Missbrauchten.

Ich bitte euch, nicht aufzuhören für mich zu beten, ich tue es für euch und bitte Jesus, euch zu segnen, und die heilige Jungfrau, für euch zu sorgen.

# FRANZISKUS

## «Die Kultur des Missbrauchs ausrotten»

## Der Brief an das Volk Gottes vom August 2018

# Hinführung zur Lektüre des «Briefes an das Volk Gottes» von Papst Franziskus

*von James Hanvey SJ*

Der *Brief des Heiligen Vaters Franziskus an das Volk Gottes* (20. August 2018) kennzeichnet einen entscheidenden Moment im Leben der Kirche. Bedenkt man ihn zusammen mit dem Brief, den der Papst im April an die chilenische Bischofskonferenz richtete, bietet er ein vorzügliches Beispiel geistvollen Leitens, das alle Charakteristika seines Pontifikates enthält: er ist pastoral, konkret, geistlich und prophetisch. Der Papst erwähnt die «zugefügten schmerzenden Wunden» der Opfer, die auch in der Kirche der sexuelle Missbrauch verursacht, den Priester, Bischöfe und Kardinäle verübt haben, und bittet um eine gründliche Abkehr von jener Haltung, die er Klerikalismus nennt. Das ist eine Herausforderung, der sich das Volk Gottes insgesamt mit vereinten Kräften stellen kann und muss.

In den letzten Monaten ist die unaussprechliche Wucht jeglichen Leids offenbar geworden, das in der Kirche durch Missbrauch in allen seinen Formen zu Stande gekommen ist, aber auch die Tatsache, dass die Kirche mit den Tätern, aus welchen Gründen auch immer, unter einer Decke steckt, um die Opfer zum Schweigen zu veranlassen und die Wahrheit zu vertuschen. Wie konnte je eine Gruppe in der Kirche denken, dass der Selbstschutz ein wichtigerer Dienst Gottes sei als diesen enormen Abgrund von Leid und den Skandal zerstörter Leben – Leben von unschuldigen Gläubigen – anzuerkennen? Wie konnte die Kirche die Würde der menschlichen Person schützen und behaupten, Verteidigerin der Armen und der Machtlosen, die Stimme der Stimmlosen, das Erinnern an die Vergessenen zu sein, wenn sie selbst, als wäre sie ein Staat ohne Kirche, fähig ist, den Aufschrei jener schweigend zu übergehen, denen sie versicherte, sie lieben und schätzen zu wollen? Wenn sie dies damit rechtfertigte, verhindern zu wollen, dass dieser Skandal den Glauben des Volkes Gottes bedrohe, für wen ist sie schützend eingetreten? Für die Kirche oder für einen klerikalen Klüngel? In diesem Kontext und mit diesen berechtigten Fragen hat Papst Franziskus seinen *Brief an das Volk Gottes* geschrieben.

Einige mögen denken, das seien doch nur schöne, fromme Worte, sie mögen es anzweifeln, dass die Einladung zu Buße und Gebet angesichts der Ungeheuerlichkeit der Krise und der Tiefe des Schmerzes, den sie verursacht hat und weiterhin zufügt, angemessen sei. Franziskus hat mit seinen Aktionen gezeigt, dass Rhetorik nicht das Seine ist. Der Brief bringt den Aufschrei der Opfer zu Gehör, der zu lange unterdrückt, verschwiegen oder negiert wurde, und spricht von der Wahrheit klerikalen Missbrauchs in der Kirche, der bekannt sein musste auch ohne den Bericht des Obersten Gerichtes von Pennsylvania, der 70 Jahre ins Auge fasste. Es wäre ein Irrtum zu denken, dass diese Missbrauchsfälle auf Nordamerika, Chile, Großbritannien und Europa zu lokalisieren seien. Der Brief des Papstes ist keine politische Strategie, kein Schuldgeständnis, das in der Hoffnung gemacht wurde, dass die Dringlichkeit des Problems verebbe, man es schon beherrschen und eines Tages vergessen werde, dass die Aufmerksamkeit der Öffentlichkeit vergehe, sobald der nächste Skandal oder der nächste Erfolg komme.

Franziskus ist kein Politiker, er ist Diener Gottes und der Kirche Gottes. Die Kirche – ebenso wie jene, die den Missbrauch erlitten haben – darf jedoch nicht an der Tatsache des Missbrauchs und seiner Wahrheit – eine immer zutiefst personale Wahrheit – vorübergehen; diese muss als Wahrheit in die Gegenwart einbrechen und sie aufbrechen, sie darf nicht verharmlost oder, in Worte gepackt, in die Geschichtsbücher abgedrängt werden; so etwas wäre der größte Verrat. Der Heilige Geist mischt sich nicht in politische Spiele ein, hebt keine Verpflichtung auf oder lenkt von ihr ab. Das Zahlungsmittel des Geistes ist die Wahrheit: Wahrheit mit Respekt gegenüber Gott und Wahrheit mit Respekt vor uns selbst. Papst Franziskus hat dank der Unterscheidung begriffen, dass in der Sichtbarkeit und in der Stimme derer, die leiden, der Heilige Geist es ist, der spricht. Wenn wir dem kein Gehör schenken und dann keine Antwort geben, die über das der notwendigen Protokolle und der juridischen Maßnahmen hinausgeht, wird die Kirche die Gnade verlieren, die sich ihr anbietet. Die Gefahr wird sich einstellen, sich und dem eigenen Überleben von sich aus ein Ende zu bereiten; man würde der Versuchung eines institutionellen Götzendienstes erliegen.

Wir sind der Meinung, dass der Brief von Franziskus mit seinem Anliegen, der Stimme und der Gegenwart des Geistes Aufmerksamkeit zu schenken, ein entscheidendes, historisches Ereignis ist, hinter das nicht zurückgegangen werden darf. Der Brief anerkennt nicht nur die Opfer klerikalen Missbrauchs und wendet sich gegen die Kultur des Belassens, sondern beschreibt auch die Trostlosigkeit, die die Kirche genau aus diesem Grunde zu bestehen hat. Dennoch ist es kein Brief der Trostlosigkeit, sondern die Tröstung des Heilgen Geistes weht durch diese Zeilen.

## Der Geist der Zeugenschaft

In der Stimme derer, die Opfer des Missbrauchs geworden sind, gibt der Geist Zeugnis wider die Täter und spricht zu Gunsten ihrer Opfer. Deswegen ist die erste Antwort der Kirche nicht darin gelegen, ihnen ihre Stimme und ihr Zeugnis zu rauben. Die erste Aufgabe einer Kirche, die in ihrem Wunsch nach Reue und Bekehrung authentisch ist, besteht darin, Gehör zu schenken. So wenig es auch ist, das ist die schwierigste Aufgabe von allen. Das Zeugnis aller, die missbraucht wurden – oder es noch sind –, zu analysieren, zu kategorisieren und zu bürokratisieren ist ein weiterer

Gewaltakt. Die einmalige Geschichte, die erlebt wurde, wird übertragen und auf andere Erzählungen
bezogen, die man nicht weiter verfolgt. Ihre Stimme
verklingt, ihre Gesichter werden namenlos. Wenn die
Kirche wahrhaft solidarisch ist und allen Ernstes einen
Wechsel ersehnt, muss sie Gehör schenken und jede
einzelne Person wertschätzen. Es braucht Raum und
Zeit, nur so kann das Hinhören auf die Geschichte
des Leids jeder einzelnen Person beginnen, auf das,
was ihr genommen und über Jahre versteckt gehalten
wurde.

Missbrauch sind nicht nur einzelne oder mehrere
Momente der Gewalt, der Manipulation, der Täuschung,
der Unterwerfung: Er dringt in die Seele ein, ebenso
ins Herz und in den Geist. Es geht um ein Zerbrechen
des Ichs, der grundlegenden Gefühlssicherheit, woran
die Identität hängt. Der Missbrauch, selbst wenn man
ihn völlig verdrängt, hat immer noch Macht, Leben
zu kidnappen, zu zerstören und zu untergraben. Das
kann nicht auf einfache und schnelle Weise «kuriert»
werden, weil das Leben der Person – ihre Identität
und ihr Vertrauen in sich selbst und in persönliche Beziehungen für immer bedroht ist.

Im Fall des klerikalen Missbrauchs macht die Weise
des Vorgehens, in der der Täter seine Macht einsetzt
und sogar Formeln des Glaubens dazu nutzt, die
Wahrheit zu verdrehen und die missbrauchte Person
abhängig zu machen, zumindest die Sprache der Spiritualität oder die Sakramente selbst zu Orten, die an
Destruktion erinnern. Das ist der Grund, weshalb wir

außerordentlich vorsichtig sein müssen, auf diese Formeln zurückzugreifen, als wären sie Quellen des Verständnisses, oder sie für eine neuerliche Verständigung strategisch einzusetzen. Im räuberischen Überfall des Missbrauchs war sie schon in Gebrauch; sie können für die Person, die Opfer des Missbrauchs geworden ist, verseucht bleiben. Tatsächlich dürften sie Symptom einer ausgesprochen klerikalen Kultur sein, die mehr oder weniger damit einverstanden war, dass die Möglichkeit zu weiterem Missbrauch bestehen bleibe.

Das Zeugnis jener, die Opfer des Missbrauchs geworden sind, wird also immer Teil kirchlicher Identität sein. Der Opfer Standhaftigkeit und Mut wird zum *kairós*, will sagen, zur günstigen Gelegenheit der Bekehrung und Erneuerung für die Kirche. Das Zeugnis, bestehend aus dem Leid derer, die Opfer des Missbrauchs wurden und ihn aufgedeckt haben, ist gewiss ein Grund der Trostlosigkeit, den man nicht übergehen darf. Die Kirche wird gedrängt, gegen die Idolatrie anzutreten, in der das institutionelle Ansehen dem Leben des Volkes Gottes vorgezogen wird. Ohne dieses Zeugnis verliert die Kirche die Authentizität, was eigentlich die Freiheit und die Freude ihres Lebens, die Voraussetzung für ihre Mission ausmacht. Die Kirche vermag ihre eigene Existenz oder ihr Überleben nicht zu garantieren: Sie lebt immer aus Christus und dem Geist, der das Leben gibt. Einzig wenn sie sich an ihrer eigenen Armut freut, ist sie frei, Christus und nur ihm zu dienen.

Die tiefste Bedrohung dieser Freiheit ist Furcht: die Furcht, Sünde und Korruption zuzugeben; die Furcht, Einfluss und Sicherheit zu verlieren; die Furcht, Kontrolle und Macht aufgeben zu sollen. In all seinen Schriften unterstreicht Franziskus diese Versuchung. Von da kommt es, dass die Kirche es nötig hat, beständig in Opfer und in Liebe jenseits von sich selbst zu leben, sich nicht auf das Leben der Welt einzulassen. Das Zweite Vatikanische Konzil bringt es in der Konstitution *Lumen gentium* klar zum Ausdruck: Nicht nur die Gestalt der Jüngerschaft prägt jedes christliche Leben, sondern ebenso die Forderung nach Heiligkeit, zu der wir alle gerufen sind, unabhängig von der Richtung, die unser Leben und unsere Beziehungen nehmen mögen. Das gilt im Besonderen für die zum Priestertum und zum Ordensstand Berufenen.

Der Klerikalismus gibt vor, das Weihe-Sakrament zu schützen. In Wirklichkeit instrumentalisiert man es, wenn es nicht für Gott oder für die Gemeinschaft verfügbar macht, sondern ausschließlich an das eigene Wohl denken lässt. Das ist die große Versuchung, die mit jeglicher Amtsübergabe sowohl im zivilen wie im kirchlichen Bereich einhergeht. Die einzige Weise, sich ihr zu widersetzen, besteht darin, dafür zu sorgen, im inneren Bewusstsein unserer Armut, in der ständigen Haltung der Demut und mit dem Gefühl der Dankbarkeit für dieses Geschenk, das uns anvertraut wurde, zu leben. Offensichtlich geschieht das im Leben vieler Priester und Ordensleute (Männer wie Frauen), was im täglichen Dienst dem «Groschen der Witwe»gleichkommt. So gesehen ist eine Bekehrung kein plötzliches Ereignis, sondern ein Vorgang, der das ganze Leben dauert, in guten und schlechten Zeiten, in Stunden des Überdrusses Gebet erfordert, ebenso Ehrlichkeit, Demut, Mut und Glauben. Je tiefer die Liebe ist, die wir zu Christus und für die erschaffene und in ihm erlöste Welt haben, umso besser werden wir es ersehnen, all das zu entfernen, was für ihn und sein Werk zum Hindernis werden könnte.

Unter dem Antrieb dieser Liebe wird die Kirche ständig den Geist bitten, dass er ihr Leben erneuere und weite, damit sie immer voller das *semper major* (immer mehr) einer großherzigen Liebe leben kann. Das ist der Prozess, von dem Franziskus in all seinen Schriften und Predigten gesprochen hat. Er erachtet die Kirche nicht nur als eine institutionelle Einrichtung, sondern als ein Gebilde, das aus Personen besteht. Wenn die strukturierenden Elemente Beziehungen sind und als solche die Ökonomie der Wahrheit, der Gnade und der Liebe zu Gott widerspiegeln sollen, muss diese Ökonomie im Leben und den Beziehungen aller Glieder der Kirche verwurzelt sein.

## Der Geist des Erinnerns und der Fürsprache

Der Geist ist es, der alles in Erinnerung bringt und in dieses Geschehen eintritt. Im Akt des «Erinnerns» greift der Heilige Geist unser Erzählen auf und fügt es in das

Erzählen von Christus ein, d.h. in die Heilsgeschichte. Wie der Psalmist sagt: *In deinem Licht schauen wir das Licht* (Ps 36,10b). Das durch den Geist gewirkte Auslegen und Umsetzen führt dazu, dass die versöhnende und befreiende Gnade Christi mitten in die Geschichte der gequälten Menschheit einbricht und in ihr handelt. Auf diese Weise garantiert der Geist die endgültige Gerechtigkeit Gottes; kein unschuldiges Leid geht je verloren oder wird je entwertet, vielmehr wird es hell aufleuchten und in der Finsternis erglänzen.

In Christus, dem Gekreuzigten und Auferstandenen, sieht die Kirche jedes Opfer und dessen Wunden. Dank des Wirkens des Heiligen Geistes ist jede eucharistische Feier Erinnerung an es und dessen Wunden, die im Jetzt vor uns stehen wie in jedem schon vergangenen oder noch kommenden Augenblick. In Wirklichkeit geht es um ein gefährliches Gedächtnis, weil es die Strategien der Vermeidung und Verdrängung umdreht. So werden die Wertvorstellungen aller Machtordnungen auf den Kopf gestellt und, wie es Papst Franziskus im Brief sagt: Der Herr zeigt uns, «auf welcher Seite er stehen will». Jedes Mal, wenn der Priester, der missbraucht, die Eucharistie feiert, trifft er in diesem durchdringenden Licht alles das, was verborgen ist: Er begegnet diesem Herrn und in ihm den Opfern der Missbrauchshandlungen.

Im *Herabrufen* des Heiligen Geistes ist die gesamte Gemeinschaft gegenwärtig als Zeuge und als Fürsprecherin, weil der Geist auch der Schöpfer solcher Solidarität ist. «Solidarität» muss nicht besagen, dass

wir die Verantwortung, in der der Angreifer steht, über-
nehmen, wohl aber das Leid der Opfer, indem wir
entscheiden, ihre Klagen anzuhören und für sie Gerechtigkeit zu suchen. Wir stützen sie im Gebet und im
Leben. Auf diese Weise können wir damit beginnen,
die tiefe Gnade des Lebens der Kirche und ihre Hoffnung zu erfahren, auch die «wahre Gemeinschaft der
Heiligen», bei denen Fürsprache ein gewichtiges Werk
der Wiederherstellung ist. Die Gemeinschaft, voll von
Glauben an die Eucharistie und an die Fürsprache,
lässt über dem breiten, dunklen und gewundenen
Weg der Geschichte ein Licht aufleuchten, das hilfreich ist und den Weg weist: ein Zeichen dessen,
dass das Reich schon gegenwärtig ist. Wir können
Christus nicht lieben, wenn wir nicht auch seine Kirche
lieben, ungeachtet dessen, wie entstellt, geschwächt,
aber niemals vom Geist verlassen sie ist, der mit der
Gemeinschaft wächst und sie erfüllt, vergleichbar der
šekinah, mit einer Herrlichkeit, die die Welt heilen
wird.

## Der Geist der Tröstung und des neuen Lebens

Für den Heiligen Geist gibt es keine Schranken.
Auch nicht die säkulare Welt, die behauptet, dass
sie für Gott keinen Platz habe, vermag den Heiligen
Geist abzuhängen und auszusperren. Ja, selbst
die Welt kann Instrument des Geistes werden. Ist

es nicht doch diese säkulare Welt gewesen, die die Verantwortlichkeit der Kirche erkannte, als diese es nicht zu Stande brachte, dies aus sich heraus zu tun? Sind es etwa gar die Gerichtshöfe und die säkularen Organisationen, die der Kirche die Notwendigkeit der Transparenz beigebracht haben, ohne die es keine Glaubwürdigkeit gibt? Lehrt der Geist mittels dieser staatlichen Einrichtungen die Kirche, energisch Nein zu sagen zu jeder beliebigen Form des Klerikalismus? Die säkulare Welt drängt die Kirche zur Bekehrung, schließlich doch eine Kirche zu sein, auf die man seinen Stolz haben und an die man glauben kann.

Selbst auf das Risiko möglicher Verallgemeinerungen und Entstellungen hin hat die Kirche bislang auf äußere Veränderungen gebaut, um der Missbrauchskrise zu begegnen: Vorgänge, Protokolle, juridische Strukturen usw. Diese Mittel sind nötig, aber nicht geeignet, eine Kultur zu verändern; sie sind die notwendigen Zeichen der Bekehrung, sind aber nicht die Bekehrung selbst. In Wirklichkeit können sie zu Lückenbüßern werden. Der Papst wird durch etwas viel Schwierigeres herausgefordert: durch den Aufruf zu jenem grundlegenden Wandel, der der geforderten Bekehrung vorausgehen muss. Dieser Wandel ist keine Bedrohung für das Wesen und die Wahrheit der Kirche, sondern das, was sie sehr wohl gesunden lässt.

Franziskus bittet uns, weit über das bloße Einhalten der Programme, der Vorgänge und Verordnungen hinauszugehen, mögen sie – das wird nicht bezweifelt –

noch so notwendig sein. Als Diener des Konzils anerkennt der Papst, dass wir die kirchliche Kultur erneuern und ein Priestertum und einen Episkopat schaffen müssen, die mit dem Sakrament, auf das sie sich stützen, übereinstimmen. Es wird nötig sein, neue Strukturen zu entwickeln, die diese Werte enthalten, Gerechtigkeit und Mitleid verwirklichen und gegen jegliches Fehlverhalten und Ausbeutung schützen. Solche Strukturen werden eine wirksame Subsidiarität im Leben der Kirche und eine Öffnung für Zuständigkeiten ausstrahlen müssen, unabhängig von Geschlecht und Status in der Kirche. Dem Geist muss es gestattet sein, jeden Bereich kirchlichen Lebens zu durchdringen, und das wird eine Bereitschaft erfordern, um zu unterscheiden und von allen Seiten zu lernen.

Das ist jener der Umkehr angemessene Wechsel, der ein neues Verhalten erfordert. Ein derartiger Wechsel ist immer der schwierigste und der schmerzlichste. Jene, die ihn unterstützen oder lenken, werden zumindest immer der Gefahr ausgesetzt sein, abgewiesen zu werden oder sich als Prügelknaben verstehen zu sollen. Dieser Wechsel verlangt von uns, dass wir uns der Wahrheit stellen und nicht anderen die Schuld geben; er verpflichtet uns, den Vorgang nicht mit «vorläufigen Lösungen» zu besänftigen, um Schmerz oder andauernde Belästigungen zu vermeiden. Er drängt uns auf eine andere Ebene der Wahrnehmung und des Verständnisses, um über das hinauszugehen, was uns vertraut und genehm ist, und zuzulassen, dass unsere Gesinnung und unser Herz erneuert werden, bis wir am *Geist des Herrn* (1 Kor 2, 16) teilhaben. Das alles braucht Zeit; es braucht die Gnade der Stärke im Geist und in der Beharrlichkeit, aber auch den Glauben an das Volk Gottes und an die Charismen, die der Geist ihm in so großer Überfülle gegeben hat.

Es wird viele geben, die sich dem der Umkehr angemessenen Wechsel widersetzen möchten, zu dem Papst Franziskus und jene, die missbraucht wurden, die Kirche aufrufen. Unter Umständen sind sie überzeugt, dass dieser Wechsel nicht nötig sei oder dass eher eine restaurierende Reform fehle als eine institutionelle *metanoia* (Umkehr). Wie immer: Man kann vor der Realität nicht davonlaufen, der die Kirche der Gegenwart ausgesetzt ist. Jene, die glauben, die Würde der Kirche wiederherstellen zu können oder die ihrer Priester, wenn man sie nur in eine aufwändigere Robe kleide, Liturgie mit dem Theater verwechsle und sich dabei denke, dass Gott einer «geheiligten Sprache» mehr Aufmerksamkeit schenke als dem schmucklosen Gebet der *anavim*, der Armen im Geiste, setzen sich der Gefahr aus, zu Wächtern eines leeren Grabes zu werden. Gegenüber den Worten des Engels stellen sie sich taub: *Was sucht ihr den Lebenden bei den Toten?* (Lk 24,5). Man hat das Aussehen und die Sprache Gottes vergessen, der «für uns» kommt und sich gerade in seiner Armut und Einfachheit offenbart und dessen Würde darin besteht, uns die Füße zu waschen.

Der auferstandene Christus ist nicht der Gefangene der Geschichte, sondern ihr Herr und Erlöser. Eine

Kirche, die ihn bekennt und ihm folgt, muss begreifen, dass wir, wenn wir Christus in der Geschichte treu bleiben wollen, uns selbst verändern müssen, um die Geschichte zu verändern. Das ist die Bedingung der Existenz und der Sendung der Kirche: auf klarere und deutlichere Weise den Herrn zu bezeugen als den einzigen, der in der Lage ist, das gesund zu machen und wiederherzustellen, was in einer Welt menschlich ist, die verzweifelt zu begreifen sucht, was denn menschlich sei.

Der Brief des Papstes zeigt den Weg auf, den wir einschlagen müssen, wenn wir die Kirche, den Leib Christi, wirklich lieben und an ihre Sendung glauben.

# Franziskus
## Brief an das Volk Gottes

*(20. August 2018)*

*Wenn darum ein Glied leidet, leiden alle Glieder mit* (1 Kor 12,26). Diese Worte des heiligen Paulus hallen mit Macht in meinem Herzen wider, wenn ich mir wieder einmal das Leiden vergegenwärtige, das viele Minderjährige wegen sexuellem wie Macht- und Gewissensmissbrauch seitens einer beträchtlichen Zahl von Klerikern und Ordensleuten erfahren haben. Es ist ein Verbrechen, das tiefe Wunden des Schmerzes und der Ohnmacht erzeugt, besonders bei den Opfern, aber auch bei ihren Familienangehörigen und in der gesamten Gemeinschaft, seien es Gläubige oder Nicht-Gläubige. Wenn wir auf die Vergangenheit blicken, ist es nie genug, was wir tun, wenn wir um Verzeihung bitten und versuchen, den entstandenen Schaden wiedergutzumachen. Schauen wir in die Zukunft, so wird es nie zu wenig sein, was wir tun können, um eine Kultur ins Leben zu rufen, die in der Lage ist, dass sich solche Situationen nicht nur nicht wiederholen, sondern auch keinen Raum finden, wo sie versteckt überleben könnten. Der Schmerz der Opfer und ihrer Familien ist auch unser Schmerz; deshalb müssen wir dringend noch einmal unsere Anstrengung verstärken, den Schutz von Minderjährigen und von Erwachsenen in Situationen der Anfälligkeit zu gewährleisten.

## 1. Wenn ein Glied leidet ...

Vor einigen Tagen wurde ein Bericht veröffentlicht, in dem die Erfahrungen von mindestens tausend Personen beschrieben werden, die im Zeitraum der letzten siebzig Jahre Opfer von sexuellem wie Macht- und Gewissensmissbrauch durch Priester wurden. Auch wenn man sagen kann, dass der größte Teil der Fälle die Vergangenheit betrifft, sind wir uns doch im Laufe der Zeit über den Schmerz vieler Opfer bewusst geworden und müssen feststellen, dass die Wunden nie verschwinden und uns mit Nachdruck verpflichten, diese Gräueltaten zu verdammen wie auch die Anstrengungen zu bündeln, um diese Kultur des Todes auszumerzen; die Wunden «verjähren nie». Der Schmerz dieser Opfer ist eine Klage, die zum Himmel aufsteigt und die Seele berührt, die aber für lange Zeit nicht beachtet, versteckt und zum Schweigen gebracht wurde.

Doch ihr Schrei war stärker als alle Maßnahmen, die danach strebten, ihn zum Schweigen zu bringen, oder auch versucht haben, ihn mit Entscheidungen zu beruhigen, die seinen Schmerz vergrößerten, weil sie in Komplizenschaft gerieten. Ein Schrei, den der Herr gehört hat. Er lässt uns wieder einmal sehen, auf welcher Seite er steht. Der Lobgesang der Maria geht nicht fehl und durchläuft die Geschichte wie eine Hintergrundmusik weiter; denn der Herr denkt an seine Verheißung, die er unseren Vätern gegeben hat: *Er zerstreut, die im Herzen voll Hochmut sind; er stürzt die Mächtigen vom Thron und erhöht die Niedrigen. Die Hungernden beschenkt er mit seinen Gaben und lässt die Reichen leer ausgehen* (Lk 1,51-53). Und wir schämen uns, wenn wir uns bewusst werden, dass unser Lebensstil das verleugnet hat und verleugnet, was wir mit unserer Stimme aufsagen.

Mit Scham und Reue geben wir als Gemeinschaft der Kirche zu, dass wir nicht dort gestanden haben, wo wir eigentlich hätten stehen sollen, und dass wir nicht rechtzeitig gehandelt haben, als wir den Umfang und die Schwere des Schadens erkannten, der sich in so vielen Menschenleben auswirkte. Wir haben die Kleinen vernachlässigt und allein gelassen. Ich mache mir die Worte des damaligen Kardinal Ratzingers zu eigen, der bei dem für den Karfreitag im Jahr 2005 verfassten Kreuzweg sich mit dem Schmerzensschrei so vieler Opfer verband und mit Nachdruck sagte: «Wie viel Schmutz gibt es in der Kirche und gerade auch unter denen, die im Priestertum ihm ganz zugehören sollten? Wie viel Hochmut und Selbstherrlichkeit? Wie wenig achten wir das Sakrament der Versöhnung, in dem er uns erwartet, um uns von unserem Fall aufzurichten? All das ist in seiner Passion gegenwärtig. Der Verrat der Jünger, der unwürdige Empfang seines Leibes und Blutes muss doch der tiefste Schmerz des Erlösers sein, der ihn mitten ins Herz trifft. Wir können nur aus tiefster Seele zu ihm rufen: *Kyrie, eleison – Herr, rette uns* (Mt 8,25)». (Neunte Station)

## 2. ... leiden alle Glieder mit

Der Umfang und das Ausmaß der Ereignisse verlangt, sich dieser Sache in umfassender Weise mit vereinten Kräften anzunehmen. Obwohl es bei jedem Prozess der Umkehr wichtig und nötig ist, dass man sich des

Vorgefallenen bewusst wird, reicht dies in sich selbst nicht aus. Heute sind wir als Volk Gottes gefragt, uns des Schmerzes unserer an Leib und Seele verwundeten Brüder und Schwestern anzunehmen. Wenn in der Vergangenheit die Unterlassung eine Form der Antwort werden konnte, so wollen wir heute, dass die Solidarität in ihrer tiefsten und anspruchsvollsten Bedeutung unsere Weise wird, die heutige und zukünftige Geschichte in einem Umfeld zu schreiben, wo die Konflikte, die Spannungen und besonders die Opfer jeder Form von Missbrauch eine ausgestreckte Hand finden können, die sie beschützt und aus ihrem Schmerz erlöst (vgl. Franziskus, *Evangelii gaudium*, 228). Diese Solidarität verlangt ihrerseits von uns, all das anzuprangern, was die Unversehrtheit irgendeiner Person in Gefahr bringen könnte. Es ist eine Solidarität, die zum Kampf gegen jede Art von Korruption, insbesondere der spirituellen, aufruft, «weil es sich um eine bequeme und selbstgefällige Blindheit handelt, wo schließlich alles zulässig erscheint: Unwahrheit, üble Nachrede, Egoismus und viele subtile Formen von Selbstbezogenheit – denn schon *der Satan tarnt sich als Engel des Lichts* (2 Kor 11,14)» (Franziskus, *Gaudete et exsultate*, 165). Der Appell des heiligen Paulus, mit den Leidenden zu leiden, ist das beste Heilmittel gegen jeden Drang, weiterhin unter uns die Worte Kains zu wiederholen: *Bin ich der Hüter meines Bruders?* (Gen 4,9).

Ich bin mir der Bemühungen und der Arbeit bewusst, die in verschiedenen Teilen der Welt unternommen wurden, um die notwendigen Vermittlungen zu gewährleisten und auszuführen, die Sicherheit geben und die Unversehrtheit der Kinder und der Erwachsenen im

Zustand der Anfälligkeit schützen. Dazu gehört auch die Verbreitung der «Null-Toleranz-Haltung» und der Maßnahmen, Rechenschaft zu fordern von allen, die diese Verbrechen begehen oder decken. Wir haben diese so notwendigen Aktionen und Sanktionen mit Verspätung angewandt, aber ich bin zuversichtlich, dass sie dazu beitragen, eine bessere Kultur des Schutzes in der Gegenwart und in der Zukunft zu gewährleisten. Verbunden mit diesen Bemühungen ist es nötig, dass jeder Getaufte sich einbezogen weiß in diese kirchliche und soziale Umgestaltung, die wir so sehr nötig haben. Eine solche Umgestaltung verlangt die persönliche und gemeinschaftliche Umkehr. Sie leitet uns an, in die gleiche Richtung zu schauen wie der Herr. So sagte der heilige Johannes Paul II.: «Wenn wir wirklich von der Betrachtung Christi ausgegangen sind, werden wir in der Lage sein, ihn vor allem im Antlitz derer zu erkennen, mit denen er sich selbst gern identifiziert hat» (*Novo millennio ineunte*, 49). Lernen zu schauen, wohin der Herr geschaut hat. Lernen dort zu stehen, wo der Herr uns haben will, um das Herz, das in seiner Gegenwart steht, zu bekehren. Zu diesem Zweck helfen Gebet und Buße. Ich lade das gesamte heilige gläubige Volk Gottes zu dieser Bußübung des Gebetes und des Fastens entsprechend der Aufforderung des Herrn[1] ein. Er weckt unser Gewissen, unsere Solidarität und unseren Einsatz für eine Kultur des Schutzes und des «Nie wieder» gegenüber jeder Art und jeder Form von Missbrauch.

1  *Diese Art aber kann nur durch Gebet und Fasten ausgetrieben werden* (Mt 17,21).

Es ist unmöglich, sich eine Umkehr des kirchlichen Handelns vorzustellen ohne die aktive Teilnahme aller Glieder des Volks Gottes. Mehr noch: Jedes Mal, wenn wir versucht haben, das Volk Gottes auszustechen, zum Schweigen zu bringen, zu übergehen oder auf kleine Eliten zu reduzieren, haben wir Gemeinschaften, Programme, theologische Entscheidungen, Spiritualitäten und Strukturen ohne Wurzeln, ohne Gedächtnis, ohne Gesicht, ohne Körper und letztendlich ohne Leben geschaffen[2]. Das zeigt sich deutlich in einer anomalen Verständnisweise von Autorität in der Kirche – sehr verbreitet in zahlreichen Gemeinschaften, in denen sich Verhaltensweisen des sexuellen wie des Macht- und Gewissensmissbrauchs ereignet haben –, nämlich als Klerikalismus, jene Haltung, die «nicht nur die Persönlichkeit der Christen zunichte [macht], sondern dazu [neigt], die Taufgnade zu mindern und unterzubewerten, die der Heilige Geist in das Herz unseres Volkes eingegossen hat»[3]. Der Klerikalismus, sei er nun von den Priestern selbst oder von den Laien gefördert, erzeugt eine Spaltung im Leib der Kirche, die dazu anstiftet und beiträgt, viele der Übel, die wir heute beklagen, weiterlaufen zu lassen. Zum Missbrauch Nein zu sagen, heißt zu jeder Form von Klerikalismus mit Nachdruck Nein zu sagen. Es ist immer gut, sich daran zu erinnern, dass der Herr «in der Heilsgeschichte ein Volk gerettet [hat]. Es gibt keine vollständige Identität ohne Zugehörigkeit zu einem Volk. Deshalb kann sich

2  Vgl. Franziskus, *Brief an das pilgernde Volk Gottes*, 31. Mai 2018.
3  *Brief an Kardinal Marc Quellet, President der Päpstlichen Kommission für Lateinamerika*, 19. März 2016.

niemand allein, als isoliertes Individuum, retten, sondern Gott zieht uns an, wobei er das komplexe Geflecht zwischenmenschlicher Beziehungen berücksichtigt, das der menschlichen Gemeinschaft innewohnt: Gott wollte in eine soziale Dynamik eintreten, in die Dynamik eines Volkes» (Franziskus, *Gaudete et exsultate*, 6). Deshalb ist die einzige Möglichkeit, die wir haben, um auf dieses Übel, das so viele Leben geraubt hat, zu antworten, es als Aufgabe zu leben, die uns alle als Volk Gottes einbezieht und betrifft. Dieses Bewusstsein, dass wir uns als Teil eines Volkes und einer gemeinsamen Geschichte fühlen, gestattet uns, unsere Sünden und die Fehler der Vergangenheit in einer bußfertigen Offenheit zu erkennen, die fähig ist, sich von innen her erneuern zu lassen. Alles, was man unternimmt, um die Kultur des Missbrauchs aus unseren Gemeinschaften auszumerzen, ohne alle Glieder der Kirche aktiv daran teilhaben zu lassen, wird nicht dazu in der Lage sein, die nötigen Dynamiken für eine gesunde und wirksame Umgestaltung zu erzeugen. Die büßende Dimension des Fastens und des Gebets wird uns als Volk Gottes helfen, uns vor den Herrn und vor unsere verwundeten Brüder und Schwestern zu stellen – als Sünder, die die Verzeihung sowie die Gnade der Scham und der Umkehr erflehen und somit Maßnahmen erarbeiten, die Dynamiken im Einklang mit dem Evangelium erzeugen. Denn «jedes Mal, wenn wir versuchen, zur Quelle zurückzukehren und die ursprüngliche Frische des Evangeliums wiederzugewinnen, tauchen neue Wege, kreative Methoden, andere Ausdrucksformen, aussagekräftigere Zeichen und

Worte reich an neuer Bedeutung für die Welt von heute auf» (Franziskus, *Evangelii gaudium,* 11).

Es ist unumgänglich, dass wir als Kirche die von Ordensleuten und Priestern begangenen Gräueltaten wie auch die von all jenen, die den Auftrag hatten, die am meisten Verwundbaren zu behüten und zu beschützen, anerkennen und mit Schmerz und Scham verdammen. Wir bitten um Vergebung für die eigenen und für die Sünden anderer. Das Bewusstsein der Sünde hilft uns, die Fehler, die Vergehen und die in der Vergangenheit verursachten Wunden anzuerkennen, und es gestattet uns, uns zu öffnen und in der Gegenwart stärker für einen Weg erneuerter Umkehr einzusetzen.

Zugleich werden uns die Buße und das Gebet helfen, unsere Augen und unser Herz für das Leiden der anderen zu schärfen und die Begierde des Herrschens und des Besitzens zu besiegen, die so oft die Wurzel dieser Übel sind. Möge das Fasten und das Gebet unsere Ohren öffnen für den leisen Schmerz der Kinder, der Jugendlichen und der Behinderten. Fasten, das uns Hunger und Durst nach Gerechtigkeit schaffen und uns antreiben möge, in der Wahrheit zu wandeln und uns auf alle Rechtsmittel zu stützen, die nötig sind. Ein Fasten, das uns schüttelt und uns dazu bringt, uns mit allen Menschen guten Willens und der Gesellschaft insgesamt in der Wahrheit und in der Liebe zu engagieren, um jede Art von sexuellem wie Macht- und Gewissensmissbrauch zu bekämpfen.

Auf diese Weise werden wir unseren Auftrag deutlich machen können, zu dem wir berufen sind, nämlich «Zeichen und Werkzeug für die innigste Vereinigung mit

Gott wie für die Einheit der ganzen Menschheit» (II. Vatikanisches Konzil, *Lumen gentium*, 1) zu sein.

«Wenn darum ein Glied leidet, leiden alle Glieder mit», sagte uns der heilige Paulus. Mittels der betenden und büßenden Haltung können wir in persönlichen und gemeinschaftlichen Einklang mit dieser Mahnung eintreten, auf dass unter uns die Gaben des Mitleids, der Gerechtigkeit, der Vorbeugung und der Wiedergutmachung wachsen mögen. Maria hat es vermocht, am Fuß des Kreuzes ihres Sohnes zu stehen. Sie hat es nicht in irgendeiner Weise getan, sondern sie stand aufrecht und direkt daneben. Mit dieser Haltung bekundet sie ihre Weise, im Leben zu stehen. Wenn wir die Trostlosigkeit erfahren, die uns diese kirchlichen Wunden verursacht, wird es uns mit Maria guttun, «mit Maria mehr im Gebet zu verharren» (Ignatius von Loyola, *Geistliche Übungen*, 319), indem wir versuchen, in der Liebe und der Treue zur Kirche zu wachsen. Sie, die erste Jüngerin, lehrt uns Jünger alle, wie wir uns angesichts des Leidens des Unschuldigen zu verhalten haben, ohne Ausflüchte und Verzagtheit. Auf Maria zu schauen heißt entdecken lernen, wo und wie wir als Jünger Christi zu stehen haben.

Der Heilige Geist schenke uns die Gnade der Umkehr und die innere Stärkung, damit wir unsere Reue angesichts dieser Verbrechen des Missbrauchs zum Ausdruck bringen können und unsere Entscheidung, sie mutig zu bekämpfen.

# Nachwort

## ANDREAS R. BATLOGG SJ
## Sehen (lernen), wie Franziskus «tickt»
### *Der päpstliche Krisenmodus speist sich aus der Spiritualität des Jesuitenordens*

Dies ist ein enorm wichtiges, ja, ich möchte sagen: ein unentbehrliches Buch! Wichtig nicht nur, weil fünf Briefe seines zweiten Teils («Bedrängnis und Not von heute») aus dem Jahr 2018 von Papst Franziskus stammen – wer sich dafür interessierte, kennt diese Texte längst. Auch nicht, weil die anderen acht Briefe des ersten Teils («Bedrängnis und Notlage von gestern») von zwei Generaloberen der Gesellschaft Jesu geschrieben wurden und gleichsam eine Zeitreise ins 18. und 19. Jahrhundert antreten lassen: in dramatische Krisenzeiten der Gesellschaft Jesu, als Jesuiten mit der Aufhebung des Ordens (1773) und der damit ausgelösten kollektiven Traumatisierung sowie mit der Wiederherstellung (1814) und Neuausrichtung ihres Ordens umgehen lernen mussten.

Wichtig und unentbehrlich ist dieses Buch, weil es klar und deutlich aufzeigt, wie Papst Franziskus denkt und «tickt» – erst recht und besonders in Notzeiten.

## 1. Ordensexistenz – und ignatianische Vorgehensweise («noster modus procedendi»)

Dieser Papst ist durch und durch Jesuit[1]. Das zu betonen mag eine Selbstverständlichkeit sein, ja als Banalität erscheinen. Ist es aber ganz und gar nicht. Mittlerweile stehen wir im achten Jahr dieses Pontifikates. Immer noch und immer wieder sind jedoch Menschen – selbst innerhalb der katholischen Kirche – erstaunt, überrascht oder irritiert, ja perplex: darüber, was Franziskus sagt und tut, wie er es sagt und tut, warum er etwas so sagt und tut.

Die in den Geistlichen Übungen (Exerzitien) nach Ignatius von Loyola eingeübte «Unterscheidung der Geister» prägt: Papst Franziskus, der am 11. März 1958 (mit noch nicht ganz 22 Jahren und einem Diplom als Chemietechniker in der Tasche) ins Noviziat der argentinischen Jesuitenprovinz eintrat, seit über sechs Jahrzehnten. Diese Prägung erschöpft sich gerade nicht im Ordenskürzel SJ (für: *Societas Iesu*) hinter dem Namen, auf das er mit der Wahl zum Papst am 13. März 2013 verzichtet haben mag. Franziskus hat damit seine Ordensexistenz nicht aufgegeben, wie er bereits auf dem Rückflug vom Weltjugendtag in Rio de Janeiro festhielt: «Ich fühle mich als Jesuit in meiner Spiritualität: in der Spiritualität der Exerzitien; das ist die Spiritualität,

---

1 Vgl. Hans Waldenfels, *Sein Name ist Franziskus. Der Papst der Armen.* Paderborn 2014, 13-26 («Die geistlichen Quellen: Jesuitische Inspiration»); Andreas R. Batlogg, *Der evangelische Papst. Hält Franziskus, was er verspricht?* München 2018, 67-96 («Der Jesuit»).

die ich im Herzen habe. (...) Ich habe meine Spiritualität nicht geändert, nein. Franziskus – Franziskaner: nein. Ich fühle mich als Jesuit und denke als Jesuit»[2].

Nun kann man sich natürlich sofort, um es milde zu sagen, auf Ironie verlegen und fragen: Wer weiß schon, was ein Jesuit denkt? Zyniker behaupten: Das weiß nicht einmal der liebe Gott. Welches die spirituellen Instrumente dieses Ordens sind, was «ignatianische Vorgehensweise» («nuestro modo de proceder», «noster modus procedendi»)[3] bedeutet – das lässt sich freilich jederzeit nachvollziehen[4]. Ein Orden, der seit 480 Jahren existiert,

2   Carolina Pigozzi vom Magazin «Paris Match» hatte ihm die Frage gestellt, «ob Sie sich, seit Sie Papst sind, noch als Jesuit fühlen»: Wer bin ich, ihn zu verurteilen? Pressekonferenz auf dem Rückflug aus Brasilien, 28. Juli 2013, in: Ludwig Ring-Eifel (Hg.), *Die Interviews mit Papst Franziskus*. Eingeleitet von Luigi Accatoli. Freiburg 2016, 19-41, 34.

3   Vgl. z. B. Peter Knauer, «Unsere Weise voranzugehen» nach den Satzungen der Gesellschaft Jesu, in: Michael Sievernich – Günter Switek (Hg.), *Ignatianisch. Eigenart und Methode der Gesellschaft Jesu*. Freiburg 1990, 131-148; ders., Die Satzungen der Gesellschaft Jesu. Das «innere Gesetz», «unsere Weise voranzugehen» und die «Satzungen», in: Andreas Falkner – Paul Imhof (Hg.), *Ignatius von Loyola und die Gesellschaft Jesu 1491–1556*. Würzburg 1990, 379-38.

4   Für die spirituelle Methodologie der Gesellschaft Jesu ist das Adjektiv «ignatianisch» mittlerweile unersetzbar geworden. Blieb der Vokabel trotz einer gleichnamigen Veröffentlichung Erich Przywaras von 1956 der Durchbruch versagt, hat sie sich inzwischen endgültig etabliert. «Ignatianisch» bedeutet immer mehr als «jesuitisch». Es mag zum Beispiel jesuitische Frömmigkeitsformen, durch Jesuiten initiierte und geförderte Praktiken geben, aber es kann nur von einer ignatianischen Frömmigkeit die Rede sein, also einer Spiritualität, die sich auf Ignatius von Loyola zurückführt und von ihm her ihre Vitalität

bietet ein halbes Jahrtausend verinnerlichtes Know-how
auf.

## 2. «Unterscheidung der Geister»

Einige Monate nach seiner Wahl befragt, was genau
ihm von der Spiritualität seines Ordens am besten helfe,
sein neues Amt auszuüben, antwortete Franziskus: «Die
Unterscheidung ist eines der Anliegen, die den heiligen Ignatius innerlich am meisten beschäftigt haben»[5].
Gemeint ist die «Unterscheidung der Geister» (*discretio
spiritum*)[6] in den *Geistlichen Übungen* (vgl. *Exerzitienbuch,* n.
32).

Geschichte gemacht haben die Exerzitien des Ignatius nicht als theologisches Lehrbuch oder als Hand-
lungsanleitung, sondern als Übungsbuch. Sie sind kein

bezieht. Indem Karl Rahner SJ Ende der 1950er-Jahre in einem Vortrag die ignatianische Frömmigkeit «unbedrohlicher»
nannte, hat er auf diesen subtilen Unterschied aufmerksam
gemacht; vgl. Karl Rahner, Ignatianische Frömmigkeit und
Herz-Jesu-Verehrung, in: Sendung und Gnade. Beiträge
zur Pastoraltheologie. Innsbruck 1959 (⁴1988), 517-540,
510, jetzt in: ders., Sämtliche Werke. Bd. 13: Ignatianischer
Geist. Schriften zu den Exerzitien und zur Spiritualität des
Ordensgründers. Bearbeitet von Andreas R. Batlogg – Johannes Herzgesell – Stefan Kiechle. Freiburg 2006, 451-466,
451.

5   Antonio Spadaro, *Das Interview mit Papst Franziskus.* Hg. v.
Andreas R. Batlogg. Freiburg 2013, 31.

6   Vgl. dazu einen nach wie vor gültigen Klassiker: Hugo
Rahner, Die Lehre des hl. Ignatius von der Unterscheidung
der Geister, in: ders., *Ignatius von Loyola als Mensch und Theologe.*
Freiburg 1964, 312-343.

Wellness-Programm. Sie sind ein Weg: eine Einübung, um sein Leben zu ordnen, gute Entscheidungen treffen zu lernen, indem man auf die verschiedenen Regungen und Stimmungen achtet, ignatianisch gesprochen: Trost («consolación») von Mißtrost («desolación») unterscheiden lernt, um nicht spontanen Regungen aufzusitzen. Trost (oder: Tröstung) und Mißtrost (oder: Trostlosigkeit) sind zwei Schlüsselbegriffe im Exerzitienbuch. Anzeichen für Trostlosigkeit sind: Ich fühle mich schlecht, bin niedergedrückt, antriebslos, depressiv, «desolat». Das kann zu geistlicher Trockenheit führen[7], zu «Dürrezeiten». Für solche Phasen hat Ignatius eigene Regeln entwickelt (*Exerzitienbuch,* n. 313–336), in denen sich seine persönlichen Erfahrungen (auch mit kirchlichen Autoritäten) niederschlagen[8].

«Offenbar», so Peter Knauer SJ, «empfehlen diese Regeln, in der Situation geistlicher Tröstung sich darauf einzustellen, dass sie einmal ausbleiben kann; und umgekehrt wird davor gewarnt, in der Trostlosigkeit nachzugeben und von ihr beeinflusste Entscheidungen zu treffen. Es wird ferner empfohlen, dass man einem ‹Geistlichen Begleiter› von der eigenen Situation Kenntnis gibt, um sich auch dadurch vor Illusionen zu schützen»[9]. Die von Ignatius entwickelten Regeln weisen zudem darauf

---

7  Vgl. Arndt Büssing – Thomas Diernberg (Hg.), *Geistliche Trockenheit. Empirisch, theologisch, in der Begleitung.* Münster 2019.

8  Vgl. dazu Hans Zollner, *Trost – Zunahme an Hoffnung, Glaube und Liebe.* Zum theologischen Fundament der ignatianischen «Unterscheidung der Geister». Innsbruck 2004, bes. 119-150.

9  Peter Knauer, Unterscheidung der Geister, in: ders., *Hinführung zu Ignatius von Loyola.* Freiburg 2006, 60-67, 64.

hin, «dass auch die Unterscheidung zwischen ‹Tröstung›
und ‹Trostlosigkeit› noch einmal kritisch befragt werden
muss. Denn man kann auch unter dem Schein des Guten
versucht werden»[10].

Spannend wird die praktische Anwendung der «Unterscheidung der Geister», wenn es um Reformen geht.
Man könnte den Eindruck gewinnen, der Papst gebe
hier Einblick in seine Vorgangsweise: «Ich glaube, dass
man immer genügend Zeit braucht, um die Grundlagen
für eine echte, wirksame Veränderung zu legen. Und
das ist die Zeit der Unterscheidung. Manchmal spornt
uns die Unterscheidung jedoch dazu an, etwas sofort
zu erledigen, was man eigentlich später tun wollte. Und
so ist es auch mir in diesen Monaten ergangen. Die
Unterscheidung erfolgt immer in der Gegenwart des
Herrn, indem wir auf die Zeichen achten, die Dinge,
die geschehen, hören, mit den Menschen, besonders mit
den Armen, fühlen. Meine Entscheidungen, auch jene,
die mit dem normalen Alltagsleben zu tun haben wie die
Benutzung eines einfachen Autos, sind an eine geistliche
Unterscheidung gebunden, die auf ein Erfordernis ant-
wortet, das durch die Umstände, die Menschen und
durch das Lesen der Zeichen der Zeit entsteht. Die Unterscheidung im Herrn leitet mich in meiner Weise des
Führens»[11].

Entscheidungen im Gebet erwägen, in der Meditation
vor Gott tragen, abwägen, Pro und Contra bedenken –
das gehört zum geistlichen Weg der «Unterscheidung der

10  Ebd. 65.
11  Antonio Spadaro, *Das Interview mit Papst Franziskus*, 33.

Geister», den ein Jesuit vom Noviziat an einübt. Nach einem Konsultationsprozess muss etwa ein Oberer im Jesuitenorden allein, manchmal auch sehr einsam, entscheiden. Auch das kann man, scheint mir, an Papst Franziskus und seiner Vorgehensweise sehen: breite Beratung mit engen Mitarbeitern und Personen seines Vertrauens, denen er aber nachdrücklich empfiehlt, ihm nicht nach dem Mund zu reden, sondern offen ihre Meinung zu sagen, Bedenken zu äußern; und dann: die autoritäre Entscheidung. Wenn Papst Franziskus einmal entschieden hat, bleibt es dabei. Er lässt nicht verhandeln oder taktisch nachbessern.

Das lässt sich an seiner Lebenserfahrung ablesen und gegenprüfen. Und er scheut sich dabei nicht, im Rückblick auf seine verschiedenen Ämter und Funktionen im Orden wie auch als Bischof Fehler, auch (schwere) Fehler einzugestehen: «In meiner Erfahrung als Oberer in der Gesellschaft», so Franziskus, «habe ich mich nicht immer so korrekt verhalten, dass ich die notwendigen Konsultationen durchführte. Und das war keineswegs gut. Mein Führungsstil als Jesuit hatte anfangs viele Mängel. Es war eine schwere Zeit für die Gesellschaft Jesu: Eine ganze Jesuitengeneration war ausgefallen. Deshalb wurde ich schon in sehr jungen Jahren zum Provinzial ernannt. Ich war erst 36 Jahre alt – eine Verrücktheit! Ich musste mich mit sehr schwierigen Situationen auseinandersetzen und traf meine Entscheidungen schroff und eigenmächtig. Ja, aber etwas muss ich doch noch hinzufügen: Wenn ich einer Person eine Sache anvertraue, habe ich totales Vertrauen zu dieser Person. Sie muss wirklich einen sehr schweren Fehler begehen, bevor ich sie zurechtweise. Dessen ungeachtet sind die Menschen des Autoritarismus überdrüssig. Meine autoritäre und schnelle Art, Entscheidungen zu treffen, hat mir ernste Probleme und die Beschuldigung eingebracht, ultrakonservativ zu sein. Ich habe eine Zeit einer großen inneren Krise durchgemacht, als ich in Córdoba lebte. Nun bin ich sicher nicht wie die selige Imelda gewesen, aber ich bin nie einer von den ‚Rechten' gewesen. Es war meine autoritäre Art, Entscheidungen zu treffen, die Probleme verursachte»[12].

## 3. «Aus Erfahrung lernen»: Ignatianische Entscheidungsfindungskultur

Man sollte nicht unterschätzen, dass die Lebens- und Leitungserfahrung von Papst Franziskus, auf welche die Kardinäle im Konklave im März 2013 setzten, sehr konkret in seine Entscheidungsfindungskultur einfließt – ohne dass er deswegen die universale Kirche, wie ihm manche Kritiker vorwerfen, wie ein Jesuitenprovinzial führen würde: autoritär und beratungsresistent. Aber dass Franziskus die geistlich-geistigen Instrumente nutzt, die er kennengelernt hat, liegt auf der Hand. Alles andere wäre unlogisch. Und mit seiner spirituellen Sozialisation sind gewiss auch theologische Optionen verbunden. So wie Spiritualität sehr wohl auch für praktisches Handeln – nicht nur in Krisenzeiten – relevant ist und

12 Ebd. 41.

sich damit im Übrigen auch als alltags-, lebens- und krisentauglich erweist: *ein* Kriterium für Echtheit und Authentizität. Echte Spiritualität macht lebenstüchtig.

Eine wichtige Erfahrung im Jesuitenorden lautet: «Experientia nos docuit» (die Erfahrung hat uns gelehrt), sprich: Aus Erfahrung wird man schlau, manchmal vielleicht auch weise! Mit den Worten des Papstes: «Ich spreche von diesen Dingen als einer Lebenserfahrung und um begreiflich zu machen, welche Gefahren es gibt. Mit der Zeit habe ich vieles gelernt. Der Herr hat mir diese Führungspädagogik ungeachtet meiner Fehler und Sünden gewährt»[13].

Jorge Mario Bergoglio war nach Abschluss seiner ordensinternen Ausbildung zunächst Novizenmeister, dann Provinzial, dann Rektor eines großen Kollegs, Kirchenrektor und Pfarrer, Dozent für Pastoraltheologie, schließlich Seelsorger in Córdoba. Diese Erfahrungen brachte er in sein Wirken als Weihbischof (1992), Generalvikar (1993), Koadjutor (1997) und Erzbischof von Buenos Aires (1998) ein. Mit seiner Kardinalserhebung (2001) band ihn Papst Johannes Paul II. auch in weltkirchliche Verantwortung ein. Mit diesen Funktionen und Ämtern sind vielfältige Erfahrungen positiver wie negativer Art verbunden. Sie prägen auch jetzt sein Denken und Handeln. Franziskus hat wiederholt deutlich gemacht, dass er sich als Bischof von Rom – im 77. Lebensjahr gewählt – nicht «neu erfunden» hat; auch wenn er sich anpassen musste, ohne sich deswegen zum Beispiel Ritualen, Gepflogenheiten und dem Protokoll

13  Ebd. 41 f.

bedingungslos zu unterwerfen, die im Vatikan üblich waren, bis hin zum spanischen Hofzeremoniell.

Franziskus ist selbstkritisch genug, um dabei nicht irgendwelchen Vorlieben zu erliegen. Aber auch selbstbewusst genug, um mit großer Entschiedenheit – offenbar nach «Winken» von außen, was sich denn so für einen Papst gehört und was angeblich nicht – zu sagen: «Ich werde es weiterhin so halten. Und ich werde sprechen, wie ich es gewohnt bin, wie ein Pfarrer, weil mir das liegt. Ich habe immer so gesprochen, zu allen Zeiten. Ich weiß nicht, ob das ein Makel ist, aber ich glaube, die Leute verstehen mich»[14]. Weil er als Papst Predigten oft ablesen müsse, erinnere er sich – so offenbarte er sich gegenüber Antonio Spadaro SJ – immer wieder daran, was er während seiner Ausbildung als junger Jesuit seinem Professor für Homiletik gesagt habe: «Deshalb weiche ich oft vom vorbereiteten schriftlichen Text ab, füge Wörter und Formulierungen hinzu, die da nicht stehen. Auf diese Weise sehe ich die Leute an. Wenn ich spreche, muss ich zu jemandem sprechen. Ich mache das, so gut es eben geht, aber es ist mir ein tiefes Bedürfnis. Es stimmt, in Sankt Peter muss man gut vorbereitet sein. Aber ich habe immer dieses tiefe Bedürfnis, das über den formellen Rahmen hinausgeht»[15].

Nach einem mehrmonatigen, im März 1986 begon-

14  Werben um die Sympathie Mexikos. Mit Valentina Alazarki (Televisa, Mexiko), 12. März 2015, in: Ludwig Ring-Eifel (Hg.), *Die Interviews mit Papst Franziskus*, 210-244, 244.

15  Antonio Spadaro, Die Spuren eines Hirten. Ein Gespräch mit Papst Franziskus, in: Papst Franziskus, *Im Angesicht des Herrn. Gedanken über Freiheit, Hoffnung und Liebe*. Hg. v. Antonio Spadaro. Freiburg 2017, 7-31, 10.

nenen Studienaufenthalt in Deutschland[16] nach Argentinien zurückgekehrt, wurde Jorge Mario Bergoglio zunächst wieder in Buenos Aires eingesetzt: Er dozierte Pastoraltheologie und wirkte als Spiritual und Beichtvater in Colegio del Salvador. Ab 1990 arbeitete er an der Jesuitenkirche in Córdoba, der zweitgrößten Stadt Argentiniens, wo er seinerzeit sein Noviziat (1958 bis 1960), die ersten beiden Jahre der Einführung in den Orden, verbracht hatte. Manche sahen in dieser Sendung ein «Exil»[17] bzw. eine Verbannung, um ihn aus der Hauptstadt und vom Colegio Maximo San José in San Miguel (Gran Buenos Aires) fernzuhalten, wo er von seinen früheren Tätigkeiten her bestens vernetzt war. Im Rückblick sprach er noch als Papst von einer schwierigen Zeit («große innere Krise»).

## 4. Die «Briefe in Bedrängnis» von 1988: «eine Abhandlung der Unterscheidung»

Vor der Zeit in Córdoba liegen eine Reise nach Japan (wohin Jorge Mario Bergoglio in jungen Ordensjahren als Missionar geschickt werden wollte, was aber wegen

---

16 Dieses Sabbatical folgte auf zwölf Jahre in Führungspositionen als Provinzial (1973–1979) und Rektor (1980–1986). In Boppard und Rothenburg an der Tauber lernte Bergolio Deutsch, an der ordenseigenen Hochschule Sankt Georgen in Frankfurt am Main projektierte er unter Anleitung von Michael Sievernich SJ eine Doktorarbeit über Romano Guardini.

17 Daniel Deckers, *Papst Franziskus. Wider die Trägheit des Herzens. Eine Biographie.* München 2014, 172.

seiner Gesundheit abgelehnt worden war[18]) und als Vertreter der argentinischen Jesuitenprovinz nach Rom: zur Prokuratorenkongregation der Gesellschaft Jesu[19], die vom 27. September bis 5. Oktober 1987 zusammentrat.

Für eine Prokuratorenkongregation erstellt der gewählte Vertreter einer Provinz einen Bericht über seine Ordensprovinz, für den er vorab die verschiedenen Kommunitäten besucht, mit Oberen und Werksleitern spricht und «Stimmungsbilder» einfängt: eine Art Status quo also. Dass Jorge Mario Bergoglio nach seiner nicht unumstrittenen Amtszeit als Provinzial, auf die sechs Jahre als Rektor eines großen Kollegs folgten, in diese Position gewählt wurde, sagt etwas über seine Füh-

18  Seine 32. Auslandsreise führte Papst Franziskus, aus Thailand kommend, vom 24. bis 26. November 2019 nach Japan (Nagasaki, Hiroshima, Tokio).

19  Generalkongregationen – die gesetzgebende Gewalt und höchste Autorität in der Gesellschaft Jesu – sind äußerst selten. Es gab in der 480-jährigen Ordensgeschichte erst 36, zuletzt im Oktober 2016: Sie nahm den Rücktritt von Adolfo Nicolás SJ an und wählte (als ersten Nichteuropäer den Venezolaner) Arturo Sosa SJ zum Generaloberen. Generalkongregationen treten nur zusammen, wenn ein Generaloberer (üblicherweise «ad vitam»: auf Lebenszeit) zu wählen ist und wenn besondere Themen in dieser exklusiven Runde (von gewählten und ernannten Vertretern aus allen Ordensprovinzen) zu debattieren sind. – Prokuratorenkongregationen, an denen neben gewählten Vertretern aus allen Provinzen der Generalobere, die Generalassistenten und die Regionalassistenten teilnehmen, fand den bis zur 32. Generalkongregation 1974/75 im Dreijahres-, seither im Vierjahresrhythmus statt, um den Generaloberen über die Entwicklung in den einzelnen Provinzen zu informieren und gegebenenfalls die Einberufung einer Generalkongregation zu beratschlagen.

rungsqualität aus, so ambivalent diese in Argentinien auch erlebt wurde, so kontroversiell sie bis heute beurteilt wird.

Für die Teilnahme an der Versammlung an der römischen Generalskurie befasste sich Pater Bergoglio im Vorfeld mit acht historischen Briefen. Sie sollten 1988 in einem argentinischen Verlag erscheinen. Er verfasste dazu ein Vorwort, das mit 25. Dezember 1987 datiert ist, aber bereits im Spätsommer fertig war. Er besprach sich dabei mit Miguel Ángel Fiorito SJ (1916–2005), einem unter argentinischen Jesuiten hoch angesehenen geistlichen Lehrmeister, den er im Laufe seiner Ordensausbildung 1961 kennengelernt und als geistlichen Begleiter gewählt hatte.

Sieben, zwischen 1758 und 1773 geschriebene Briefe stammen von Lorenzo Ricci SJ (1703–1775), der die mit dem päpstlichen Breve «Dominus ac Redemptor»[20] vom 21. Juli 1773 verfügte Aufhebung der Gesellschaft Jesu erleben musste, am 21. September 1773 in den Verliesen der Engelsburg (Castel Sant'Angelo) gefangengesetzt wurde und dort am 24. November 1773 starb. Ein weiterer Brief stammt von Jan Roothaan SJ (1785–1853), der von Juli 1829 bis zu seinem Tod, also fast 25 Jahre lang, Generaloberer war, der dritte nach der Wiederherstellung des Ordens.

In seinem Vorwort geht Jorge Mario Bergoglio zunächst (mit zwei langen Fußnoten) auf die Zeitumstände ein: auf die auf Druck der bourbonischen Höfe

---

20  Vgl. dazu Karin Frammelsberger, «Dominus ac Redemptor». Die Aufhebung des Jesuitenordens im 18. Jahrhundert, in: Glauben und Leben 63 (1990), 373-382.

zustande gekommene Aufhebung des Ordens im 18. Jahrhundert und auf die Situation des Modernismus, mit der sich der wiederhergestellte Orden im 19. Jahrhundert konfrontiert sah. Beide Ereignisse bringt er in Zusammenhang mit der besonderen Bindung der Gesellschaft Jesu an den Heiligen Stuhl, räumt aber auch Fehler im eigenen Orden sein. «Was zählt», so Bergoglio resümierend, «ist die Tatsache, dass in beiden Fällen die Gesellschaft Jesu *in Bedrängnis geraten* war; und die folgenden Briefe enthalten die *Lehre aus der Bedrängnis*, die die beiden Oberen der Jesuiten in Erinnerung rufen. Sie ergeben eine Abhandlung von der Bedrängnis und der Weise, mit ihr zu leben.»

Damit ist klargestellt: Es geht nicht um eine Apologie, um eine Rundumverteidigung des Ordens um jeden Preis und damit um Rechthaberei. Es geht darum aufzuzeigen, was der Orden aus diesen beiden Ereignissen gelernt hat: ob und wenn ja, welche «Lehre» (*dottrina*) sich daraus ziehen lässt. Die beiden Generaloberen hätten mit ihren Briefen die Mitbrüder daran erinnert, welche Hilfen und welche Mittel von Seiten der Spiritualität des Ordens zur Verfügung stünden: «*Ideen diskutiert man, eine Situation unterscheidet man.* Diese Briefe möchten den Jesuiten Elemente der Unterscheidung in der Situation der Bedrängnis an die Hand geben.» Eben um sich nicht kopfscheu machen, von Angst und Enge dominieren zu lassen, in eine Depression zu verfallen: «Die folgenden Briefe sind eine Abhandlung der Unterscheidung für eine Epoche der Verworrenheit und Bedrängnis. Statt Ideen zu diskutieren, *erinnern sie an die Lehre* und auf diesem Weg leiten sie Jesuiten an, *sich auf ihre Berufung zu besinnen.*»

Und hier erinnert der vormalige Novizenmeister und Provinzial daran, dass es dabei nicht um das Optieren für ganz bestimmte, vielleicht schon von vornherein feststehende Lösungen geht, sondern darum, Gottes Willen zu suchen – um dann eine gute Wahl zu treffen. *Ein* Kriterium für eine gelungene Wahl ist der dann eintretende innere Frieden. Dabei komme dem Oberen – auch, um nicht eigenen Ideen, Überlegungen oder Überzeugungen aufzusitzen, diese für absolut zu halten – eine wichtige Rolle zu: «beim Unterscheiden zu helfen». «Eine solche *väterliche* Haltung», so Bergoglio, «bewahrt den Leib der Gesellschaft vor Verzweiflung und geistlicher Entwurzelung *(scradicamento spirituale)*». Methodisch erinnert er – vor dem Hintergrund, dass beide Generaloberen in ihren Briefen auch auf «die eigenen Sünden der Gesellschaft Jesu» anspielten – abschließend daran, dass dabei auch die «Beschämung über mich selbst» *(Exerzitienbuch,* n. 48) eine Rolle spielt.

## 5. *«Die Briefe in Bedrängnis» von 2019: ein päpstliches Kompendium für den Umgang mit Trostlosigkeit*

Diese acht historischen Briefe – die ein Stück Ordensgeschichte wiedergeben, aber auch ein Stück der eigenen Ordensexistenz von Jorge Mario Bergoglio, insofern er dazu ein Vorwort verfasst hat und immer wieder darauf zu sprechen gekommen ist – neu herauszugeben war die Idee von Antonio Spadaro SJ, Direttore der italienischen Jesuitenzeitschrift «La Civiltà Cattolica»[21]. Wie er darauf kam, beschreibt er detailliert in seiner Einführung: Papst Franziskus nahm bei verschiedenen Gelegenheiten wiederholt auf die «Lettere della Tribulazione» Bezug: so am 27. September 2014 in seiner Predigt während einer Vesper zum 200. Jahrestag der Wiederherstellung des Ordens in der Mutterkirche der Jesuiten Il Gesù[22], am 16. Januar 2018 vor Priestern, Seminaristen und Ordensleuten in Santiago de Chile[23] und am 19. Januar 2018 bei einer privaten Begegnung mit Jesuiten in Peru[24]. Die «Lettere» waren und sind für den Papst nicht Geschichte, sondern nach wie vor «bedeutsame Dokumente von großer Aktualität für die Gesellschaft Jesu»: Das wiederholte Zitieren zeigt, dass er darin, wie Spadaro betont, ein Modell sieht, wie «Perioden der Trostlosigkeit, der Verworrenheit, trü-

---

21 Von der traditionsreichen Zeitschrift gibt es inzwischen auch eine spanische, eine französische und eine englische Print- sowie eine digitale koreanische Ausgabe. Im April 2020 kam eine digitale Ausgabe in vereinfachtem Chinesisch im Netz dazu – ein hochpolitischer Akt angesichts des delikaten Verhältnisses zwischen China und dem Vatikan und ihrer belasteten Geschichte.

22 Dokumentiert in: http://w2.vatican.va/content/francesco/de/speeches/2014/september/documents/papa-francesco_20140927_vespri-bicentenario-ricostituzione-gesuiti.html.

23 Dokumentiert in: http://w2.vatican.va/content/francesco/de/speeches/2018/january/documents/papa-francesco_20180116_cile-santiago-religiosi.html.

24 Dokumentiert in: http://w2.vatican.va/content/francesco/it/speeches/2018/january/documents/papa-francesco_20180119_peru-lima-gesuiti.html.

gerischer und gegen das Evangelium gerichteter Polemik auszuhalten» seien.

Seine ursprüngliche, während des Rückflugs von Peru gefasste Absicht einer Neuauflage der acht historischen Briefe, auf die Franziskus immer wieder Bezug nimmt, hat Spadaro im Lauf des Jahres 2018 modifiziert. Unter demselben Titel hat er in der Neuveröffentlichung diese Briefe zusammengespannt mit fünf Briefen von Papst Franziskus und damit eine neue Einheit geschaffen: drei davon waren an die chilenischen Bischöfe, der vierte «an das pilgernde Volk Gottes in Chile» und der fünfte «an das Volk Gottes» in aller Welt gerichtet. Die neue Briefsammlung «sagt» nach Spadaro «viel über Franziskus und seine Weise, mit der Zeit der Trostlosigkeit umzugehen»: Franziskus ist bei Lorenzo Ricci SJ und Jan Roothaan SJ sozusagen in die Lehre gegangen, er hat von ihnen gelernt – 1987 ebenso wie 2018.

Damit erweist sich Papst Franziskus erneut als geistlicher Lehrer. Der spirituelle «Lebensmeister» ist ein «Lesemeister, der zu einem alten Text hinführt»[25]: Was Michael Sievernich SJ von einem Vortrag Kardinal Bergoglios über die Selbstanklage («Sobre la acusación de sí mismo») bei einer Diözesanversammlung im Jahr 2005 schrieb, gilt vice versa auch für die «Briefe in Bedrängnis». Seinerzeit interpretierte der Erzbischof einen Text des östlichen Mönchtums von Dorotheus von Gaza (ca. 510–580): «Die Einleitung von Erzbischof

25 Michael Sievernich, Lebenskunst und Spiritualität, in: Jorge Mario Bergoglio / Papst Franziskus, *Über die Selbstanklage. Eine Meditation über das Gewissen.* Mit einer Einleitung von Michael Sievernich. Freiburg 2013, 8-34, 13.

Bergoglio, dem heutigen Papst Franziskus, bettet den spätantiken Text in den zeitgenössischen Kontext ein (...). Diese neue Einbettung des alten Textes setzt spirituelle Einsichten frei für den heutigen Leser und die heutige Leserin (...). Was ein alter Text im neuen Kontext zu suchen hat, wird an der Tatsache offensichtlich, dass heutzutage viele Zeitgenossen zu klassischen Texten der Antike und Neuzeit greifen, um zu einer reflektierten Lebensführung zu kommen»[26]. Diese präzise Beobachtung lässt sich eins zu eins auf die «Lettere» übertragen. Auf beide Veröffentlichungen kommt der Papst immer wieder zu sprechen – er schöpft aus dem Fundus seiner Lebens- und Glaubenserfahrung.

Ein Hinweis: Um die Texte des Papstes wie die der Generaloberen Ricci und Roothaan von den Texten von Spadaro, Fares und Hanvey besser unterscheiden zu können, wurden sie in den «Lettere» in unterschiedlichen Typen gesetzt – diese «optische Lesehilfe» wurde auch in der deutschen Fassung übernommen.

## 5.1 Antonio Spadaro SJ, Diego Fares SJ und James Hanvey SJ: Franziskus lesen (lernen)

Diego Fares SJ, 1976 während der Amtszeit von Jorge Mario Bergoglio als Provinzial in die argentinische Jesuitenprovinz eingetreten, Philosophieprofessor und seit einigen Jahren in Rom lebend und dem Redaktionsteam der «Civiltà Cattolica» angehörend, hat zum ersten Teil

26 Ebd. 20.

des Buches die brillante Analyse «Wider den Ungeist der Hassrede» verfasst. Darin thematisiert er nicht nur den Umgang von Papst Franziskus mit diesen Briefen, sondern auch dessen Umgang mit Phänomen wie *bullying*, *mobbing* und *hatespeech*.

Den vier Briefen nach Chile vom April und Mai 2018 im zweiten Teil des Buches ist wieder eine (mit einer Chronologie der Ereignisse verbundene) Analyse aus der Feder von Fares vorangestellt. Auf den «Aufruf zur Bekehrung» im ersten Brief, der vor allem noch der Wiederherstellung verlorengegangenen Vertrauens gewidmet war, folgte im zweiten Brief eine Schilderung des Weges, den der Papst selbst zurückgelegt hat und an dem er nun teilhaben lässt. Fares meint, dass der Verweis auf die prophetische Funktion von Berufung und auf Synodalität darin wesentlich sind. Im dritten Brief rief der Papst die Bischöfe nach Rom zu gemeinsamen Beratungen, an deren Ende – so auch noch nie dagewesen – die gesamte Bischofskonferenz geschlossen ihren Rücktritt anbot, um ein Zeichen für einen Neubeginn zu setzen. Der vierte, an das pilgernde Volk Gottes in Chile gerichtete Brief des Papstes ist ein klassischer Trostbrief, wie er von Paulus an eine Gemeinde in Kleinasien geschrieben sein könnte. Fares fasst ihn als «Einladung» zusammen, «uns zu beteiligen, suchend auf dem Weg zu sein und überall an einer prophetischen Kirche zu bauen: verwundet, aber synodal, hoffnungsstark».

Dem fünften Brief schließlich, der an die Katholiken in aller Welt gerichtet ist und der im Umfeld des Weltfamilientreffens in Dublin im August 2018 erschien, geht eine Lektüreeinweisung des britischen Jesuiten James Hanvey SJ – ehemals Master an der Campion Hall der Universität Oxford, jetzt Leiter des Sekretariats «Dienst am Glauben» (Secretarius ad Fidei promotionem) an der SJ-Kurie in Rom – voraus. Er sieht in dem Brief, zusammen mit dem an das Volk Gottes in Chile, «ein vorzügliches Beispiel geistvollen Leitens, das alle Charakteristika seines Pontifikates, enthält: er ist pastoral, konkret, geistlich und prophetisch». Auch Hanvey legt eine kristallklare Analyse vor: Der Papst hat sich wie nie zuvor auf die Seite der Opfer geschlagen, indem er ihrem Aufschrei Gehör schenkt, ihn ernst nimmt und Konsequenzen daraus zieht. Franziskus verfolge «keine politische Strategie», sein Brief sei «kein Schuldeingeständnis, das in der Hoffnung gemacht wurde, dass die Dringlichkeit des Problems verebbe». Das Thema Missbrauch darf «nicht verharmlost oder, in Worte gepackt, in die Geschichtsbücher abgedrängt werden; so etwas wäre der größte Verrat». Insofern kann man seiner Beurteilung nur zustimmen, dass dieser Brief «ein entscheidendes, historisches Ereignis ist, hinter das nicht zurückgegangen werden darf».

Antonio Spadaro SJ gebührt Dank: Er hat nicht nur die acht historischen Briefe aus dem Lateinischen ins Italienische übersetzen lassen und ihnen das Vorwort von Jorge Mario Bergoglio SJ zur spanischen Ausgabe von 1987 hinzugefügt. Er hat den ersten Teil um einen zweiten, zeitgenössischen, erweitert, der das virulente Thema sexueller Missbrauch und sexualisierte

Gewalt ebenfalls unter die Leitfrage, wie mit Mißtrost umzugehen sei, aufgreift – und damit 2019 eine neue «Einheit» geschaffen. Außerdem konnte er Papst Franziskus für ein Vorwort gewinnen, mit dem dieser zur neuen Publikation sein Einverständnis gab, «in dem er», wie Spadaro festhält, «die Briefe anbietet – nicht so sehr zur Lektüre, sondern vor allem fürs Gebet».

## 5.2 Der Papst «liest» Jorge Mario Bergoglio

Dieses mit 8. November 2019 datierte Vorwort des Papstes ist nicht nur eine formale Einverständniserklärung. Franziskus liest sich darin quasi selbst, indem er sein Vorwort von 1987 aufgreift. Das ist historisch interessant, weil damit Kontinuität im Denken, in der Methodik und im Amtsverständnis markiert wird. Also nicht nur, weil der Verfasser von damals mittlerweile Papst ist, und Franziskus seinen eigenen, über dreißig Jahre alten Text in einer ganz neuen Funktion neu liest[27].

27 Seine Eröffnungsrede und sein Schlusswort auf einem internationalen Theologenkongress zur Vierhundertjahrfeier der Ankunft der Jesuiten in Argentinien (1585–1985) vom September 1985 ist ein weiteres Beispiel dafür, wie Franziskus einen dreißig Jahre alten Text wieder liest und als Papst approbiert. Die Texte wurden zuerst in zwei Teilen veröffentlicht in der Zeitschrift «Stromata» (1985), im November 2015 in der «Civiltà Cattolica» (Nr. 3970) in italienischer Übersetzung und in der Februar-Ausgabe 2016 der «Stimmen der Zeit», von Klemens Stock SJ ins Deutsche übertragen, auch hierzulande zugänglich gemacht; vgl. Jorge Mario Bergoglio, Christlicher Glaube und Humanismus, in: Stimmen der Zeit 234 (2016) 75-80 sowie Andreas R. Batlogg, Papst Franziskus liest Jorge Mario Bergoglio, in: ebd. 80-86.

Das lässt in die Seele von Franziskus blicken – vor allem aber auf die Art und Weise schauen, wie dieser Papst im Laufe seiner Ordensexistenz mit Krisen umgegangen ist und jetzt als oberster Hirte der Kirche, dem durch die Wahl zum Bischof von Rom die Gesamtverantwortung übertragen wurde, umgeht. Die acht historischen Briefe erscheinen so in neuem Licht: Sie erhalten eine ganz neue Aktualität, auch wenn sie andere Krisensymptome betreffen als die «Seuche» des sexuellen Missbrauchs.

Franziskus bleibt sich dabei treu: Auch wenn sich die Anlässe unterscheiden – diese neuen, jetzt insgesamt dreizehn «Briefe in Bedrängnis» sind ein erweiterter «Traktat der Unterscheidung», eine Neuauflage unter veränderten Vorzeichen: «Gegen jedwede Versuchung der Verwirrung und des Schlechtredens», so Franziskus, «tut es gut, sich dem Gespür des väterlichen Geistes der Vorfahren zuzuwenden, der diese *Briefe* beseelt. Sie lehren uns, die Tröstung in Phasen drohender Trostlosigkeit zu entdecken.»

Schon im ersten Satz kommt er auf seinen geistlichen Lehrer Miguel Ángel Fiorito zu sprechen, den er «Meister» nennt. Wie sehr ihn dieser argentinische Jesuit geprägt hat, wie sehr er ihn verehrt, zeigte sich und bekundete Franziskus fünf Wochen, nachdem er dieses Vorwort unterzeichnet hatte: Kurz vor Weihnachten, am 13. Dezember 2019 – dem 50. Jahrestag seiner eigenen Priesterweihe –, stellte er höchstpersönlich in der Aula der Generalskurie am Borgo S. Spirito eine neue fünfbändige (spanische) Ausgabe mit Schriften seines theologischen Mentors vor: «Miguel Ángel Fiorito Escritos» (Bd. 1: 1952–1959; Bd. 2: 1960–1970; Bd. 3: 1972–1975; Bd. 4: 1976–1979; Bd. 5: 1980–1991). Als Referenten der von der «Civiltà Cattolica» organisierten Veranstaltung saßen neben dem Papst auf dem Podium: der Generalobere Arturo Sosa SJ, Antonio Spadaro SJ und José Luis Narvaja SJ, der Neffe des Papstes, der als Herausgeber dieser Edition fungiert.

Franziskus würdigte Fiorito dabei als «Meister des Dialogs» und als sensiblen theologischen Kommentator «auf der Jagd nach den Zeichen der Zeit, wachsam für das, was der Heilige Geist zum Wohl der Menschen sagt». Fiorito habe seine Schüler vor allem den «Weg der Unterscheidung» gelehrt und sie ohne Aufhebens um seine eigene Person mit «vielen guten Autoren» bekannt gemacht. Fioritos Verständnis von Unterscheidung als «Heilung der spirituellen Blindheit», die als «traurige Krankheit» das göttliche Handeln in unserem Leben und in der Welt behindert, habe ihn beeindruckt und geprägt. Franziskus verfasste auch das Vorwort im ersten Band der Ausgabe[28].

Von Haus aus Philosophieprofessor, dozierte Fiorito Metaphysik in San Miguel, war von 1970 bis 1973 Universitätsrektor, wirkte aber auch am «Centro de Espiritualidad Ignaciana de Argentina» (CEIA) und galt

---

28  Vgl. dazu einen Bericht und einen Kommentar: www.jesuiten. org/news/papst-stellt-buch-seines-geistlichen-lehrers-vor; www.vaticannews.va/de/papst/news/2019-12/papst-franziskus-buch-vorstellung-angel-jesuit-fiorito-argentini.html. – Die Ansprache des Papstes ist bisher nur auf Italienisch, Spanisch und Französisch nachzulesen: http://w2.vatican.va/content/francesco/it/speeches/2019/december/documents/papa-francesco_20191213_escritos-gesuita-padrefiorito.html.

in ganz Lateinamerika als anerkannter Kenner der ignatianischen Spiritualität. Zusammen mit Lucio Gera (1924–2012) und Juan Carlos Scannone SJ (1931–2019) zählt Fiorito zu den Begründern der argentinischen «Theologie des Volkes» («teologia del pueblo»)[29]. Alle drei Genannten inspirierten und beeinflussten das theologische Denken von Jorge Mario Bergoglios nachhaltig. Lucio Gera wurde in der Krypta der Kathedrale von Buenos Aires beigesetzt, die sonst Bischöfen vorbehalten ist – eine ungewöhnliche Geste, mit welcher der Erzbischof einem Lehrer seinen Respekt zollte. Seinem Mitbruder Fiorito wiederum verdankt Bergoglio den Zugang zum Denken von Gaston Fessard SJ (1897–1978), Romano Guardini (1885–1968) und Hugo Rahner SJ (1900–1968).

## 5.3 Päpstliche Lernprozesse

Papst Franziskus, auch das zeigen diese «Briefe in Bedrängnis», hat einen – durchaus schmerzhaften – Lernprozess durchgemacht. Schon als Weihbischof, als Koadjutor und Erzbischof von Buenos Aires hatte er mit Missbrauchsfällen zu tun. Als Papst hat er das Thema

---

29  Vgl. Margit Eckholt, «... bei mir erwächst die Theologie aus der Pastoral». Lucio Gera – ein «Lehrer in Theologie» von Papst Franziskus, in: Stimmen der Zeit 232 (2014) 157-172; dies., Ein Papst des Volkes. Die lateinamerikanische Prägung von Papst Franziskus, in: ThpQ 163 (2015) 4-19; Michael Sievernich, Das theologische Profil von Papst Franziskus / Pater Jorge Mario Bergoglio, in: ThpQ 163 (2015) 20-29.

von seinem Vorgänger Benedikt XVI. «geerbt», der entschiedener als dessen Vorgänger Johannes Paul II., aber nicht konsequent genug gegen Missbrauch vorgegangen ist.

Dieser päpstliche Lernprozess hat zunächst mit der als «Heimspiel» gedachten, von unübersehbaren Protesten begleiteten 22. Auslandsreise nach Chile und Peru im Januar 2018 zu tun[30]. Sie wurde ungewollt und ungeplant zum Wendepunkt dieses Pontifikates. Die Chronik muss hier nicht breit wiederholt werden[31]. Die Reise hatte ein Nachspiel: Im Februar schickte Franziskus Erzbischof Charles Scicluna mit einem Mitarbeiter als Chefermittler nach Chile. Das Ergebnis dieser Visite war ein über 2300 Seiten starker Bericht, der 64 Zeugenaussagen protokollierte. Dieser Bericht öffnete Franziskus endgültig die Augen. Er machte das Thema Missbrauch zur «Chefsache».

Auf etlichen seiner Auslandsreisen hatte er bereits – abseits des offiziellen Programms und immer erst hinterher bekannt gegeben – Missbrauchsopfer getroffen. Die von ihm im zweiten Pontifikatsjahr (2014) eingerichtete, im Februar 2015 erstmals tagende Päpstliche Kinderschutzkommission berät ihn dabei fachlich. An

---

30  Vgl. dazu die detaillierte Chronik bei: Andreas R. Batlogg – Paul M. Zulehner, *Der Reformer. Von Papst Franziskus lernen – ein Appell.* Würzburg 2019 (²2020), 31-43.

31  Es gab vor Ort massive Proteste, leere Plätze und eine Reihe von Protestaktionen. Das war neu und ungewohnt. Franziskus verteidigte mehrmals Bischof Juan Barros, einen Zögling des charismatischen geistlichen Führers Fernando Karadima. Barros ist mittlerweile als Bischof zurückgetreten. Karadima wurde zwangsweise aus dem Klerikerstand entlassen.

der unter Benedikt XVI. eingeführten Null-Toleranz-Politik hielt er fest. Aber es brauchte diesen persönlichen Lernprozess, eine absolute Erschütterung, die ihn als Papst kompromisslos vorgehen ließ – prominente «Laisierungen» (Entlassung aus dem Klerikerstand)[32] von als charismatisch geltenden Priestern oder von Bischöfen und Kardinälen in den beiden letzten Jahren unterstreichen das.

Über die Wirkung, die der Bericht auf ihn auslöste, erfährt man: «Jetzt, nach einer aufmerksamen Lektüre der Protokolle dieser ‚Sonderkommission‘, glaube ich sagen zu können, dass alle in ihnen gesammelten Zeugnisse nüchtern, ohne Zusätze oder Verharmlosungen, von vielen gekreuzigten Leben sprechen, und ich bekenne, dass dies mir Schmerz und Scham bereitet.» Es folgt das Eingeständnis: «Was mich betrifft, so bekenne ich – und möchte, dass Ihr es treu weitergebt –, dass ich schwerwiegende Fehler gemacht habe in der Bewertung und Wahrnehmung der Situation (*gravi errori di valutazione e percezione della situazione*), besonders aus Mangel an wahrhaftiger und ausgewogener Information. Bereits jetzt bitte ich alle um Vergebung, die ich verletzt habe, und ich hoffe, dies in den kommenden Wochen auch persönlich tun zu können in den Zusammenkünften, die ich mit Vertretern der befragten Personen abhalten werde.»

Im Vorfeld seiner Reise zum Weltfamilientreffen in Dublin (25./26. August 2018) und unter dem Eindruck eines erschütternden Berichtes über jahrzehntelangen sys-

---

32 Das ist die härteste Strafe, die gegen einen Priester nach Kanon 313 (CIC/1983) verhängt werden kann.

tematischen Missbrauch in sechs Diözesen im US-Bundesstaat Pennsylvania griff Franziskus zu einem weiteren drastischen Mittel. Er verfasste sein mit 20. August 2018 datiertes «Schreiben an das Volk Gottes», in welchem er in aller Deutlichkeit auch auf den strukturellen Zusammenhang zwischen sexuellem Missbrauch sowie Macht- und Gewissensmissbrauch hinwies.

Franziskus lässt seither nicht locker – nicht in Chile, nicht in Irland, nicht in den USA[33]. Im Herbst 2018 wurde ein Anti-Missbrauchsgipfel angekündigt, der im Februar 2019 (verpflichtend) sämtliche Vorsitzenden der Bischofskonferenzen, Ordensobere, Experten und Kurienbeamten – an die 200 Personen – zusammenführte. Das vom 21. bis 24. Februar 2019 im Vatikan abgehaltene Treffen[34], das zur «Schicksalskonferenz» für den Papst hochstilisiert wurde, hatte primär das Ziel, alle Bischofskonferenzen der Welt auf denselben Bewusstseinstand bzw. dasselbe Problembewusstsein zu bringen, was vorher offenbar nicht der Fall war.

Franziskus artikulierte seine Vorstellung klar: «Auf unserem Treffen lastet das Gewicht der pastoralen und kirchlichen Verantwortung, die uns verpflichtet, gemeinsam auf synodale, aufrichtige und gründliche Weise darüber zu diskutieren, wie wir diesem Übel entgegentreten

---

33  Der gesamten US-amerikanischen Bischofskonferenz verordnete der Papst im Januar 2019 zur spirituellen Aufarbeitung der Missbrauchskrise Exerzitien in der Nähe von Chicago, für die eigens Raniero Cantalamessa OFMCap., der Prediger des Päpstlichen Hauses, anreiste; vgl. Andreas R. Batlogg – Paul M. Zulehner, *Der Reformer*, 65-67.

34  Vgl. dazu ebd. 75-88.

können, das die Kirche und die Menschheit heimsucht. Das heilige Volk Gottes schaut auf uns und erwartet von uns nicht einfache selbstverständliche Verurteilungen, sondern konkrete und wirksame Maßnahmen, die zu erstellen sind. Es braucht Konkretheit»[35]. Zu Beginn legte er – wie ein Spiritual – eine Liste mit 21 Punkten («Kriterien» bzw. «Denkanstöße») vor. Mit dem Ende dieses Gipfels sahen Kritiker das Ende des Pontifikates eingeläutet, die sich mehr von dem Treffen erwartet hatten.

Franziskus spielte den Ball an die nationalen Bischofskonferenzen weiter. Das Motu proprio «Vos estis lux mundi», mit dem er (nach seiner enttäuschenden, weitschweifigen Schlussansprache) auf den Gipfel reagierte, ließ nicht lange auf sich warten. Es kam bereits keine zwei Monate später am 7. Mai 2019. Dieses Schreiben erweitert zwei frühere päpstliche Schreiben, nämlich das Motu proprio «Come una madre amorevole» vom 4. Juni 2016 sowie «Sulla protezione dei minori e delle persone vulnerabili» vom 26. März 2019, mit denen Franziskus bereits über frühere Dokumente seiner Vorgänger aus den Jahren 2001 und 2010 weit hinausgegangen war. Am 1. Juni 2019 hat Franziskus zudem neue Normen für den Schutz Minderjähriger im Vatikan (Ministranten und Chorsänger) erlassen. Auch das «secretum pontificium» wurde noch knapp vor Weihnachten 2019 in einem päpstlichen Reskript abgeschafft, gewiss ein «Meilenstein» (Charles Scicluna).

Damit es nicht bei Absichtserklärungen bleibt, sah

---

35 Zitiert nach: http://w2.vatican.va/content/francesco/de/
speeches/2019/february/documents/papa-francesco_
20190221_incontro-protezioneminori-apertura.html.

«Vos estis lux mundi» verpflichtend vor, dass alle Bischofskonferenzen bis zum Juni 2020 Ergebnisse vorlegen müssen: Es sollten verbindliche Meldesysteme für Missbrauchsfälle erarbeitet werden. Die seit Frühjahr 2020 grassierende weltweite Corona-Pandemie hat dieses Vorgehen ins Stocken geraten lassen. Die Uhr tickt aber weiterhin. Und es kann kein ernsthafter Zweifel daran bestehen, dass Papst Franziskus diese Forderung einklagen wird.

In einem mit 6. Dezember 2016 datierten Vorwort zum Buch des Schweizer Missbrauchsopfers Daniel Pittet, den er 2015 kennengelernt hatte, versteckte Franziskus seine Wut und seine Empörung gar nicht erst: «Es handelt sich hier um eine absolute Ungeheuerlichkeit, eine schreckliche Sünde, die allem widerspricht, was die Kirche lehrt»[36]. «Kannibalen» nannte er 2015 einmal die Missbrauchstäter: «Es ist, als ob sie die Kinder fräßen, sie zerstören sie»[37]. Was Franziskus als Papst erlebt und indirekt zu verantworten hat, lastet schwer auf seiner Seele. Ist ein Papst gegen «Mißtrost», Traurigkeit, Depression und Resignation gefeit? Er wäre kein Mensch, wenn er davon verschont bliebe. Aber Franziskus besinnt sich auch immer wieder auf das, was er in Exerzitien eingeübt hat, um «Trost» zu erfahren. Auch für ihn gilt: Nur Getröstete können trösten.

Die «Briefe in Bedrängnis» sind deswegen nicht zuletzt auch ein Dokument, das aufdeckt, wie Jesuiten in Zeiten

---

36 Papst Franziskus, Vorwort, in: Daniel Pittet, *Pater, ich vergebe euch! Missbraucht, nicht zerbrochen.* Freiburg 2017, 7-9, 8.
37 Werben um die Sympathie Mexikos, in: Ludwig Ring-Eifel (Hg.), *Die Interviews mit Papst Franziskus.* 210-244, 243.

von Trostlosigkeit leben, wie sie damit umgehen, welche Instrumente ihnen bei der Aufarbeitung zur Verfügung stehen. Ließe sich davon vielleicht lernen?

Papst Franziskus macht es vor: Ja, von geistlichen Meistern lässt sich lernen, im 16. Jahrhundert ebenso wie im 18., 19., 20. und 21. Jahrhundert: Ignatius von Loyola, Lorenzo Ricci, Jan Roothaan, Miguel Ángel Fiorito. Von Papst Franziskus lässt sich lernen – weil er es versteht zu trösten. Und es geht um wirklichen und wirksamen Trost, nicht um billige Trostpflaster. Die Lektüre der «Briefe in Bedrängnis» hilft dabei! Der päpstliche Krisenmodus speist sich aus der Spiritualität des Jesuitenordens. «Immer kann man einen Schritt nach vorn machen, wenn man inständig um Trost bittet»: Daran erinnerte Franziskus die zur 36. Generalkongregation versammelten Jesuiten am 24. Oktober 2016[38].

## 6.  Dank an den Übersetzer Andreas Falkner SJ († 2020)

Es ist das Verdienst des österreichischen Jesuiten Andreas (Andrä) Falkner, dass es die «Lettere della Tribolazione» auf Deutsch gibt. Das Erscheinen der «Briefe in Bedrängnis» hat er selbst nicht mehr erlebt. Am 8. April 2020, genau einen Tag nach seinem 86. Geburtstag ist er verstorben: im Alten- und Pflegeheim St. Katharina Labouré in Unterhaching bei München,

---

38 Zitiert nach: w2.vatican.va/content/francesco/de/spee-ches/2016/october/documents/papa-francesco_20161024_visita-compagnia-gesu.html.

wo die Jesuiten ihre Altenkommunität «Pedro Arrupe» angesiedelt haben. Falkner wurde Opfer von Covid-19 – wie nach ihm vier weitere hochbetagte Jesuiten dieser Kommunität.

Als die Druckfahnen im ersten Umbruch vorlagen, war eine letzte Revision der von Falkner übersetzten Texte nicht mehr möglich, da er, mit dem Coronavirus infiziert, aber symptomfrei, sich in Quarantäne begeben musste. Telefonisch haben wir vier Tage vor seinem plötzlichen Tod eine Reihe anstehender Fragen vage besprochen, denen wir gemeinsam nachgehen wollten, sobald seine Isolation aufgehoben wird. Dazu ist es leider nicht mehr gekommen.

Falkners Übersetzung ist keine Arbeitsübersetzung, sondern die in Kärrnerarbeit zustande gekommene deutsche Fassung der «Lettere della Tribolazione», die, wären sie unübersetzt geblieben, hierzulande sicherlich keinerlei oder nur wenig, jedenfalls nicht die ihnen gebührende Beachtung gefunden hätten. Auch wenn nun der letzte Feinschliff fehlt und noch Feinabstimmungen nötig gewesen wären, haben der Herausgeber der «Edition Communio», Rudolf Ammann ISch und ich beschlossen, das Manuskript druckfertig zu machen. Anette Kluck, die, wie schon bei den vorigen Bänden dieser Reihe, die Druckgestaltung übernommen hat, musste manche drucktechnischen Fragen in mühevoller Kleinarbeit selbst lösen.

Von den fünf Briefen von Papst Franziskus lagen der vom 8. April und vom 20. August 2018 in deutscher Übersetzung auf der Webseite des Vatikans vor. Die restlichen Briefe und alle anderen Texte – das Vorwort von Papst Franziskus, die Einführung von Antonio Spadaro SJ, die beiden Analysen von Diego Fares SJ und jene von James Hanvey SJ sowie die acht historischen Briefe aus den «Lettere» – hat Falkner aus dem Italienischen oder Spanischen übersetzt; bei den historischen Briefen verglich er die italienische Übersetzung mit dem lateinischen Original. Seine Übersetzung von James Hanveys Hinführung zur Lektüre des Papstbriefes vom August 2018 erschien bereits in Heft 1/2020 von «Geist und Leben»[39].

Andrä Falkner hat in den vergangenen Jahren auch eine Reihe kleinerer Artikel von Michel de Certeau SJ (1925–1986) ins Deutsche übersetzt. Im Original zumeist in der französischen Jesuitenzeitschrift «Christus» erschienen, wurden sie in den letzten Jahren in «Geist und Leben» veröffentlicht. Einige Artikel sind übersetzt, aber noch nicht veröffentlicht; darüber finden sich Informationen in einer eigenen Abteilung «Michel de Certeau, SJ» auf Falkners Webseite[40]. Michel de Certeau ist ebenfalls eine wichtige, vielen lange verborgen gebliebene Quelle von Papst Franziskus, obwohl dieser bereits in seinem ersten ausführlichen Interview auf diesen französischen Grenzgänger zu sprechen gekommen war[41]. Falkner hat

---

39  James Hanvey, Brief an das Volk Gottes vom August 2018. Hinführung zur Lektüre, in: Geist und Leben 93 (2020), 46-53.

40  Vgl. www.falkner-a-sj.info/.

41  Vgl. Antonio Spadaro, *Das Interview mit Papst Franziskus*, 25; vgl. Iso Baumer, Auf den Spuren von Michel de Certeau. Eine für Papst Franziskus prägende Gestalt, in: Stimmen der Zeit 232 (2014) 86-96.

auch hier seinen guten «Riecher» bewiesen und früher als andere auf diese wichtige Quelle hingewiesen. 2019 erschien Michel de Certeaus Werk «L'étranger ou l'union dans la difference» von 1969 im Verlag Kohlhammer auf Deutsch – übersetzt von Andreas Falkner[42]. Eine weitere Certeau-Übersetzung sowie ein Artikel über Alfred Delp SJ liegen in einer Rohfassung vor; über ihr weiteres Schicksal ist noch nicht entschieden.

Die «Briefe in Bedrängnis» wurden durch die tragischen Umstände seines Todes zum literarisch-editorischen Vermächtnis von Andrä Falkner (1934–2020). Von Haus aus promovierter Kirchenhistoriker, aber seit Jahrzehnten in der geistlichen Begleitung und Exerzitienaus- und -fortbildung vor allem in Deutschland und Österreich wirkend[43], auch konfessionsübergreifend (etwa im Pastoralkolleg Neudettelsau), war ihm eine theologische Durchdringung ignatianischer Spiritualität

---

42 Michel de Certeau, *Der Fremde oder Einheit in Verschiedenheit.* Übersetzt und hg. von Andreas Falkner. Stuttgart: W. Kohlhammer 2018 (232 S.); vgl. dazu meine Rezension in: ThPh 94 (2019) 597-599.

43 Nach ordensinternen Aufgaben in Innsbrucker Niederlassungen (1966 bis 1980) von 1980 bis 1986 Oberer der dann aufgelassenen Jesuitenkommunität in Klagenfurt, war Falkner von 1986 bis 1999 Mitglied der Gruppe für Ignatianische Spiritualität (GIS) in Frankfurt am Main, danach zehn Jahre in Mannheim tätig. Nach Seelsorgseinsätzen im Mutterhaus der Dernbacher Schwestern im Westerwald (2009 bis 2013) und im zur Diözese Osnabrück gehörenden Exerzitienhaus Ahmsen (2014 bis 2016) gehörte er seit 29. Dezember 2016 der Altenkommunität in Unterhaching an «als einer von den Jüngeren unter 19 Mitbrüdern», wie er auf seiner Webseite betonte. Von Unterhaching aus war Andrä Falkner noch zu Exerzitienkursen unterwegs.

ein Anliegen. Er stellte sich damit gegen einen Trend zu einer *Spiritualität light,* die mehr auf Psychologie und einen ignatianischen Jargon setzt.

Andrä Falkner war ein sehr geschätzter Begleiter und Berater, auch wenn er manchmal grob reagieren und damit vor den Kopf stoßen konnte. Leicht gemacht hat er es anderen, aber auch sich selbst, zeitlebens nicht. Und viele haben den oft trockenen Humor des «Tirolers im deutschen Exil», wie er sich manchmal selbst bezeichnete, nicht verstanden. In seiner Heimatgemeinde Niederthai (Umhausen) am Stuibenfall im Ötztal war er gern – und er war dort gern gesehen: Man hätte den weit über Achtzigjährigen, der oft zur Aushilfe anreiste und Taufen, Trauungen und Beerdigungen vornahm, gern als Ruhestandsgeistlichen behalten. Immerhin: Seine letzte Ruhestätte fand er in Tirol – nach dem Requiem am 27. Mai 2020 in der Krypta der Innsbrucker Jesuitenkirche, wo auch Karl Rahner SJ (1904–1984) begraben liegt.

Wie gut, dass die «Lettere della Tribolazione» jetzt auch auf Deutsch zugänglich sind!

## Ein Hinweis zur Übersetzung

Wie schon im Nachwort festgehalten, konnten etliche Fragen zu einzelnen Passagen der Übersetzung von Andreas Falkner SJ aufgrund der Umstände mit diesem nicht mehr geklärt werden. Zunächst in der zweiten Märzhälfte 2020 nach Feststellung der Infektion mit dem Coronavirus in häuslicher Quarantäne, dann plötzlich und unerwartet verstorben, mussten diese Fragen unbeantwortet – und in weiterer Folge ein Teil auch ungeklärt – bleiben.

Falkners Initiative verdanken wir die deutsche Fassung der «Lettere della tribolazione». Eine Totalrevision seiner Übersetzung hätte das Aus für den Plan einer deutschen Ausgabe bedeutet. Der «Feinschliff» fehlt jedoch. Dieses Manko wollen wir nicht verschweigen und bitten die Leserinnen und Leser um Nachsicht.

Wichtig schien es uns, der deutschsprachigen Leserschaft ein Buch bekannt zu machen, das, wie aus dem Nachwort ersichtlich, deutlich zeigt, wie Papst Franziskus mit Trost und Trostlosigkeit umgeht, welche Instrumente ihm als Jesuit aus der Tradition seines Ordens, besonders aus den Exerzitien, zur Verfügung stehen. Jorge Mario Bergoglio SJ wendete und wendet diese auch an: als Seelsorger 1987 ebenso wie als Erzbischof von Buenos Aires und jetzt als Bischof von Rom, wenn er auf dramatische oder ausweglos erscheinende Situationen der Kirche zu sprechen kommt.

Eine Ergänzung scheint uns wichtig: In seinem mit 25. Dezember 1987 datierten Vorwort «Lehre aus der

Bedrängnis» aus «Las cartas de la tribulación» (vgl. oben, S. 19-26) zitiert Pater Bergoglio aus der spanischen Ausgabe von Ludwig von Pastors «Geschichte der Päpste» (Bd. 37). Die Redaktion der «Civiltà Cattolica» übersetzte direkt aus dem Spanischen, ohne dabei die italienische Ausgabe zu berücksichtigen. Andreas Falkner wiederum übersetzte aus dem Italienischen, ohne auf die deutsche Originalfassung[1] zurückzugreifen. Die drei Pastor-Zitate im deutschen Original (dort in Bd. 16):

1. «Die Charakterschwäche Klemens' XIV. macht es erklärlich, dass er den Forderungen der bourbonischen Höfe möglichst entgegenkommen und dadurch den Frieden wiederherstellen wollte»[2].

2. «Hier berührt der Verfasser eine der verhängnisvollsten Charaktereigenschaften des neuen Papstes: seine Schwäche und Furchtsamkeit, mit der auch seine Unzuverlässigkeit und Langsamkeit zusammenhingen»[3].

3. ««Klemens XIV.», so heißt es in den wahrscheinlich von Brunati herrührenden Aufzeichnungen, ‹fehlen Mut und Festigkeit; er ist in allen seinen Entschlüssen

---

1 Das 16 Bände (in 22 Teilbänden) umfassende Werk «Die Geschichte der Päpste seit dem Ausgang des Mittelalters» von Ludwig von Pastor (1854–1928) erschien zwischen 1886 und 1933, nach Pastors Tod betreut durch dessen Nachlassverwalter Karl Alois Kneller SJ. Es fand, weil kirchenamtlich unterstützt, sehr große Verbreitung und wurde schon während seines Entstehens ins Französische, Englische, Italienische und Spanische übersetzt. Die spanische Ausgabe begann 1910 und war 1937 abgeschlossen; vgl. Erwin Gatz, Art. Pastor, Ludwig Freiherr von, in: LThK³, Bd. 7, Sp. 1432-1433.

2 Ludwig von Pastor, *Geschichte der Päpste seit dem Ausgang des Mittelalters*. Bd. 16. Freiburg 1932, 76.

3 Ebd. 70.

unglaublich langsam. Mit schönen Worten und Versprechungen nimmt er die Leute ein, umstrickt und bezaubert sie; anfangs verheißt er goldene Berge, macht aber dann Schwierigkeiten und zieht nach römischer Art die Entscheidung hin, um zuletzt Sieger zu bleiben. So gerät zunächst jeder in seine Netze. Vortrefflich versteht er es, in seinen Antworten an die Gesandten jegliche Entscheidung hinauszuziehen; er entlässt sie mit schönen Worten und Hoffnungen, die sich dann nicht verwirklichen. Wer eine Gnade erlangen will, muss versuchen, dies in der ersten Audienz zu erreichen. Übrigens kann, da er viel zu sprechen liebt, ein aufmerksamer Gesandter sein Doppelspiel entdecken»»[4].

Wer diese Stellen mit der Übersetzung von Falkner vergleicht, wird Unterschiede feststellen – und weiß jetzt warum. Weitere Abweichungen sind nicht auszuschließen. In der Schlussphase der Textredaktion stand uns Prof. Dr. Klemens Stock SJ (München), der jahrzehntelang am Päpstlichen Bibelinstitut in Rom doziert hat, mit Rat und Tat zur Seite.

*Andreas R. Batlogg SJ – Rudolf Ammann ISch*

---

4   Ebd.

## In der gleichen Buch-Reihe
## „Edition Communio" erschienen bisher:

**Andreas R. Batlogg**
**Paul M. Zulehner**

## Der Reformer

*Von Papst Franziskus lernen – ein Appell*

Skandale, Intrigen und Machtkämpfe im Vatikan sind die beherrschenden Themen in der Berichterstattung über Papst Franziskus in dessen verflixten siebten Pontifikatsjahr. Auch manche seiner Kraftausdrücke ecken an. Dazu kommen personelle Fehlentscheidungen. Und das Dauerthema sexueller Missbrauch.

Allen Unkenrufen zum Trotz richten die beiden Autoren einen Appell an alle, die sich für Papst Franziskus interessieren: Schauen wir auf die Reformimpulse, die in dem Apostolischen Schreiben Evangelii gaudium grundgelegt sind. Franziskus hat die Kirche auf einen synodalen Weg eingeschworen. Eine neue Pastoralkultur ist im Entstehen. Es gibt echte Kollegialität. Die Kirche verändert sich. Aber dazu braucht es den langen Atem. Und jenen Optimismus, der sich mit den Errungenschaften des Zweiten Vatikanum verbindet. „Barmherzigkeit" und „Unterscheidung" gehören zu den Markenzeichen von Papst Franziskus. Es lässt sich von ihm lernen!

215 Seiten, gebunden, ISBN 978-3-429-05395-6

**Matthias Kopp (Hg.)**

**Der Inspirator**

*Ansprachen von Papst Franziskus an Priester,*
*Ordensleute und Seminaristen*

Wo immer seine Reisen Papst Franziskus
hinführen, immer wieder wendet er sich
dort mit viel Empathie und reicher Spiritualität an die
Seelsorger des jeweiligen Landes, an seine Priester, Ordensleute und Seminaristen. Die Früchte seiner eigenen
Meditationen gibt er ihnen und dem ganzen Volk
Gottes in immer neuen Facetten und Bildern weiter.
Dabei verkündet er ein allen Menschen zugedachtes und
gewinnendes Christentum, ganz in innerer Zuordnung
zu den Reformimpulsen des II. Vatikanischen Konzils.

319 Seiten, gebunden, ISBN 978-3-429-04486-2

**Erich Garhammer (Hg.)**

## Der Chef

*Die jährliche Therapie an Weihnachten*

Kurz vor Weihnachten in jedem Jahr kommen die Kardinäle und Bischöfe der Römischen Kurie zum Papst, um seine Festtagswünsche entgegen zu nehmen. Der Reformer-Papst Franziskus hält ihnen und der ganzen Kirche dabei stets einen jesuanischen und kritischen Spiegel vor. Er kämpft freimütig und konsequent für die Erneuerung der Kirche auf Leitungsebene ebenso wie in allen anderen Bereichen. Und das in ständiger Verantwortung vor dem Forum des II. Vatikanischen Konzils.

Erich Garhammer erklärt Hintergründe und den theologischen Kontext der hier gesammelten Weihnachtsansprachen und vertieft so das Verständnis für die Worte von Papst Franziskus.

160 Seiten, gebunden, ISBN 978-3-429-04487-9

**Rudolf Ammann (Hg.)**

## Als ob es heute wäre

*Zur Aktualität des
II. Vatikanischen Konzils*

Papst Franziskus, ein Papst zum An-
fassen, verwirklicht glaubwürdig die
Liebe zu Gott und den Menschen als
die Mitte des II. Vatikanischen Konzils. In ähnlicher
Weise bezeugt Mutter Marie-Therese und ihre Grün-
dung „Communio in Christo" durch ihre Spiritualität
und ihr Sozialwerk Gottes Menschenfreundlichkeit und
Liebe.

120 Seiten, gebunden, ISBN 978-3-429-04328-5

**Heribert Niederschlag SAC**

## Man muss Gott mehr gehorchen als den Menschen

*Das Gewissen hat das letzte Wort*

In einer freien, aber geistig-religiös pluralen Gesellschaft, wie es die aktuelle westliche Welt darstellt, gibt es zwei Möglichkeiten: dem Mainstream und der öffentlichen Meinung die Entscheidung des Handelns zu überlassen oder dem eigenen Profil Recht zu geben und der persönlichen Überzeugung, dem eigenen Gewissen zu folgen. Die Priorität der Gewissensentscheidung ist am ehesten lebbar von starken, selbstbewussten Persönlichkeiten, die nicht nur eigene Entscheidungen fällen, sondern danach auch fähig und bereit sind, deren Folgen zu verantworten und zu tragen. Von solchen ermutigenden Persönlichkeiten im Sinne des II. Vatikanischen Konzils spricht der Autor: von P. Franz Reinisch SAC, der als einziger katholischer Priester aus Gewissensgründen den Fahneneid auf Adolf Hitler verweigert hat und dafür enthauptet wurde, und von Mutter Marie Therese Linssen, die allein dem Auftrag Gottes folgend, den sie in ihrem Innern wahrgenommen hat, den „Ordo Communionis in Christo" gegründet hat und darauf Repressionen und Verleumdungen ausgesetzt war.

48 Seiten, gebunden, ISBN 978-3-429-04485-5